Inhalt .
*

BETTINA KLIX
Berliner Suchbilder

(Auszug)

CAFÉ, ALTER WESTEN

Eine sorgsam gekleidete alte Frau, die Hut und Mantel anbehalten hat und niemanden wahrnimmt, nur ein abwesendes Gegenüber, das durch einen Brief bei ihr ist, liest immer wieder laut. Dann bittet sie die Bedienung um einen Stift. Sie denkt nach, während sie leise vor sich hinmurmelt. In diesem traditionellen Charlottenburger Café mischen sich junge und sehr alte Gäste auf sorglose und sympathische Weise. Da es gerade sehr gut besucht ist, wird der Monolog von anderen Stimmen überlagert. Vielleicht kennen die andern Gäste die Frau auch schon und achten nicht mehr auf sie. Schreibt sie immer wieder diesen Antwortbrief? „Es ist alles weg ... Stein über Stein ... alles gestohlen ... na, wie heißt denn das? Wer ich war ... wer ich war ...“ Das Sprechen ist irgendwie frech, die Pausen aber wie demütig. Als die Bedienung wieder vorbeikommt, ruft die alte Frau ihr fröhlich zu: "Ich musste eben so nachdenken und ich wusste gar nicht, wie lange ich noch lebe!" Worauf die unbekümmerte Antwort folgt: „Dann rechnen sie mal!" Fast so, als traue man ihr zu, die Methode zu kennen.

KINO, NACHMITTAGSVORSTELLUNG

Der Zehnjährige kennt die Werbung schon, die nicht für ihn bestimmt ist. Sie läuft aber vor dem Film über die verhinderten Superhelden, in den er schon gehen darf. Er kommentiert sie mehr für sich als für seine Mutter oder seine Schwester, wie alle andere Reklame auch, die eine Verfehlung oder Zumutung darstellt. „Man denkt, die zieht sich aus, dabei zieht sie sich an!", fasst er treffend die Grundidee des Spots zusammen. Das zu begreifen, stellt für ihn eine Erleichterung dar, weil er der sexuellen Zumutung entkommt. So gesprächig er bei der Werbung ist, so still ist er während des Films. Aber bestimmt hätte man auch nicht erfahren, was er an der Stelle denkt, als eins der Kinder der Superheldenfamilie die große Verschwörung plötzlich ganz persönlich nimmt. Es fragt: "Also wollen die nur Moms und Dads Ehe zerstören?" Was die Feinde zwar nicht vorhatten, aber wie alles andere Böse abgewendet werden kann.

Die Eltern des Zuschauers aber werden sich in wenigen Tagen scheiden lassen.

Sein etwas jüngerer Freund, der von Mutter und Tante einer dankbaren alleinerziehenden Mutter abgenommen wurde und zum Kino gebracht und auch wieder abgeholt wird, hat andere Probleme. Er muss die für ihn unerträgliche Red Bull-Werbung verkraften, denn er weiß, dass es um den Tod geht, will es aber nicht wahrhaben und hat die Handlung auch nicht ganz verstanden. Also spielt er sich mit einer Nacherzählung dem älteren Freund gegenüber als Fachmann auf: „Man sagt doch immer: letzter Wunsch!" So als käme das alle Tage vor. Eine kleine Pause ist nötig, um den nächsten Teilsatz aussprechen zu können: „Wenn man jemand umbringt." Und dann völlig kindlich und alles ignorierend, auch das Getränk, um das es ja ging: „Und der hat sich Flügel gewünscht!" Die Erleichterung, dass das Opfer den Verbrechern entronnen ist, kann man ihm immer noch anmerken. Sein Freund nimmt diese Version gelassen hin und sagt nichts, was den Kleinen verlegen machen könnte.

Das Blau von Sitzreihen und Boden ist nach dem Film ganz verschneit vom Popcorn.

S-BAHN, ZEHLENDORF

In der S-Bahn sitzen mir zwei stilbewusste Mädchen gegenüber, jede auf ihre Art mit klarer Ansage, sozusagen „ausformuliert" zurechtgemacht. Trotzdem erscheint mir das T-Shirt der einen rätselhaft. Es trägt die leuchtend weiße Aufschrift auf frischem schwarzem Grund: „Ich bin mit der Gesamtsituation unzufrieden." Es könnte ja Teil einer neuen Bewegung sein, also frage ich einfach, wo dieses interessante Stück zu erwerben sei? Das wisse sie auch nicht, sagt freundlich das Mädchen. Ihre Mutter habe es ihr geschenkt. Ich bin völlig überrascht, dass das Shirt auf diesem Weg ins Haus und an den Körper gekommen ist. Vielleicht wollte die Mutter auf diesem Umweg ihre eigene Unzufriedenheit formulieren oder der Tochter ein hübsches Vehikel schenken, um ihr zuvorzukommen, denke ich. Da die Botschaft so unvermutet für mich auftauchte, bin ich entsetzt, als ich später im Internet entdecke, wie verbreitet der Satz auf Textilien ist – offenbar überall da, wo ich in letzter Zeit nicht war.

SÜSSWAREN, NEUERÖFFNUNG

Als ich das erste und das letzte Mal den Laden mit dem harmlos wohlklingenden Namen betrete, fühle ich, dass etwas nicht stimmt. Bevor ich mich umschauen kann, werde ich auf eine Weise nach meinen Wünschen gefragt, die mich vergesslich macht. Warum erscheint mir die Freundlichkeit der Besitzerin – denn ich weiß, wer sie ist, weil ich einen empfehlenden Bericht gelesen habe – so falsch? Das wird mir erst klar, als ich den Laden verlassen habe und ich mir frierend schwöre, dieses Geschäft nie wieder zu betreten.

Ich fühlte mich nicht kontrolliert. Nicht deshalb wollte ich mich gar nicht umschauen und verlangte etwas Fantasieloses. Nein, ich spürte die Kontrolle, die die Herrin über die Süßigkeiten niemand anderem als sich selbst antut. Sie ist so dünn und dabei so aufgedreht freundlich, dass es keinen Zweifel gibt. Der Süßwarenladen einer Magersüchtigen ist dem Untergang geweiht, denke ich. Aber ich gehe nie wieder vorbei, um das zu überprüfen. Ich meide sogar die ganze Straße.

SÜSSWAREN, SCHÖNEBERG

Der Laden ist nach einem berühmten italienischen Film benannt. Das Jahrzehnt des 20. Jahrhunderts, in dem er entstand, hat einige überzogene, doch auch niedliche Formen hervorgebracht und gibt diesem Geschäft durch liebevolle historische Ausstattung seinen Charme. Als ich das erste Mal dort bin, werde ich mir beim Umschauen einer Bitterkeit bewusst, die ich schon lange in mir trage. Es ist gar nicht leicht, sie an diesem heiteren Ort in den Griff zu bekommen. Ich beschwichtige das nagende Gefühl durch die Wahl einer kleinen teuren Tafel der Eigenproduktion, auf der die drei verheißungsvollen Worte des Namens stehen und die Abbildung einer sehr beherrschten und stilvoll genießenden Dame einem das Gefühl gibt, nicht gierig zu sein. Ich muss einen Moment warten, weil ein anspruchsvoller Kunde seinen üppigen Monatsvorrat an Pralinen einkauft und dabei stilbrechend und unhöflich mobil telefoniert.

Das Geschäft liegt an einer Straße, in deren Namen das Gegenteil von süß enthalten ist.

SÜSSWAREN, ALTER WESTEN

Wie eine Touristin muss ich mich ungläubig umsehen. Wenn ich diesen Laden betrete, fühle ich mich in seiner Übersichtlichkeit gleich selbst ganz „gut sortiert". Dabei könnte ich mir auch als Eindringling vorkommen. Da ich den Laden nur im Abstand von einigen Jahren besuche, will ich mich vergewissern, dass er noch genau so erhalten blieb, wie er in den Zwanziger Jahren eingerichtet wurde. Dafür ist das Geschäft bekannt und die Kunden kommen auch deswegen: um alles unverändert zu finden. Selbst wenn ich nur für mich selbst einkaufe, ist es, als würde ich Geschenke erwerben, denn die Waren sind auf den Tischen so hübsch und in geringen Mengen ausgelegt, dass Bedächtigkeit sich einstellt, zu der ich sonst nicht – beim Kaufen – neige. Gerne würde ich den Besuch noch länger ausdehnen, denn es ist ein Aufenthalt in einem Raum, der sonst nur durch Filme zugänglich ist und dort kann ich nicht eintreten, mich umdrehen und umsehen.

Selbst ein jüdischer Emigrant, der überlebte und in seine Heimatstadt sehr spät wieder zurückkehrte, hat es genossen, diesen Ort unversehrt vorzufinden, der in der Nähe seines Elternhauses war. Er sah dort eine Vergangenheit aufbewahrt, von der er brutal getrennt worden war. Nur das immer gleiche Wort, mit dem ihm die Süßwaren, die er noch nicht probiert hatte, freundlich angepriesen wurden, fand er nach einigen Einkäufen so unangemessen, dass es das schöne Einvernehmen mit der Verkäuferin störte. Dieses Erlebnis wurde bei einer Lesung des Hochbetagten im Radio mitgeteilt. Er hatte es als Geschichte einer Enttäuschung aufgeschrieben. Halb sich selbst schuldig sprechend, dass er schließlich ungeduldig die Sprache auf die Wortwahl gebracht hatte und die Verkäuferin damit gekränkt und verstört hatte. Sie ahnte gar nicht, welches Gewebe sie zerstört hatte.

Denn vielleicht war der Rückkehrer auch nur durch das falsche Wort „geweckt" worden, das ihm mehr als nur die Zeit anzeigte: Den Verlust von all dem, was nirgends aufbewahrt werden konnte.

MUSICAL, SUPERMARKT, BERLIN-REINICKENDORF

Im Supermarkt höre ich ein kleines Mädchen fröhlich singen. Die Mutter ist gar nicht begeistert davon, obwohl die Kleine sehr niedlich und lustig singt: ganz konkret von allem, was sie sieht und schon benennen kann. Sie tut es offenbar, um sich selbst zu unterhalten und aufzuheitern – ohne etwas zu fordern. Sie hat nichts Bestimmtes im Auge, wie andere Kinder. Sie scheint sich einfach an allem zu erfreuen. Denn genauso fröhlich singt sie von dem, was ihre Mutter in den Wagen packt, wie von dem, was *nicht* zu bekommen ist. Mir ist es unverständlich, warum sich die Mutter nicht davon aufheitern lässt. Ist es ihr nur peinlich? Oder singt die Tochter den ganzen Tag? Für mich wird der ganze trübsinnige Discounter jedenfalls wie in einen heiteren Film hineingezaubert.

Doch immer wieder wird die kleine Sängerin aufgefordert zu schweigen. Zum Glück gehorcht das Mädchen nicht. Auch in der langen Schlange noch singt sie, wie um die Mutter zu beruhigen – zuversichtlich: „Jetzt sind wir gleich an der Kasse!" Leider stehe ich zu weit weg, um zu protestieren, als das Verbot erneuert wird. Das Mädchen schweigt schließlich. Vielleicht aber auch nur, weil es am Ausgang nichts mehr zu *besingen* gibt und weil die Auswahl definitiv getroffen ist.

NACHRECHNEN

Ein sehr dünnes Mädchen mit langem, blondem Feenhaar schleicht durch den Bio-Supermarkt. Jetzt umrundet sie mehrmals die Obst- und Gemüse-Insel.

Ihr Radar ist nicht etwa kaputt, doch sie möchte noch ein bisschen meditieren, so scheint es. Während ich versuche, sie nicht zu beobachten, beschämt mich das Schauspiel geradezu, so, als würde ich nicht genug über meinen Einkauf nachdenken.

Es ist eins jener engelgleichen Wesen, die sich in einer Phase befinden, in der sie in ihrer Leichtigkeit und Zartheit – von außen – wie eine Werbung für diese Lebensform wirken, – wenn eine Anfälligkeit besteht, wie bei mir. Das Mädchen hat nun eine Entscheidung getroffen und steuert die Wassermelonen an, nimmt ein schon verpacktes Teilstück voller Wohlgefallen in die Hand, denn es ist ja eine Frucht, die zu der Sorte gehört, die keine Angst einflößen. Unendlich langsam geht sie auf die Waage zu und legt das Stück auf die Wiege-Schale. Zufrieden klebt sie das Etikett auf und geradezu zärtlich nimmt sie die Melone wieder hoch, trägt sie zurück zum Wagen, den sie zurückgelassen hat. Jetzt ist er nicht mehr leer und hat einen Passagier, den sie nach Hause bringen muss. Hinter der Kasse muss sie ihn ja selbst weiter tragen. Auch deshalb hat sie vielleicht nur ein Stück der Frucht gekauft. Wie nachdenkend und nachrechnend, geht sie nun an den anderen Lebensmitteln blind vorüber.

Ich hatte sie nicht sofort an der Gestalt oder dem Gang erkannt, sondern an der Geste voll Zärtlichkeit für die Frucht.

TEMPORÄRES DENKMAL „INGEBORG BACHMANN-ALTAR", U-BAHNHOF ALEXANDERPLATZ

„Ist hier jemand gestorben?", fragen sich zwei. Genau so sieht es aus! Kerzen brennen, Plüschtiere schauen traurig, gebastelte Schilder in ungelenker Schrift mit Herzen und Sternen künden von Trauer, aber auch von Verehrung. Fotos und Zeitungsausschnitte scheinen auf einen gerade erst erlittenen Verlust hinzudeuten. Menschen, die die Person nicht kennen, bleiben betroffen stehen. „Ingeborg – Du fehlst uns" oder „Dein Buch in meinem Herz". Aber selbst der Schriftzug „Ingeborg Bachmann For Ever" löst für die meisten Passanten nicht das Rätsel, wenn sie auf dem U-Bahnhof Alexanderplatz am Übergang von der U8 zur S-Bahn stehen geblieben sind. Sie fragen mich, wer das ist, weil ich wohl so betrübt schaue, als wüsste ich es. Wir kommen ins Gespräch. Ich muss selbst nach den Daten schauen, da stehen sie mit Eddingstift auf Karton: 1926-1973. Auch ein Schüler kennt sie nicht. (Ich habe im Deutschunterricht noch ihr Gedicht „Reklame" deuten müssen)

Das Ensemble sieht wirklich so aus, als sei es spontan entstanden und wenn man die einzelnen „Beiträge" ins Auge nimmt, wirken sie allesamt rührend und nicht ironisch. Manches eben niedlich, ungeschickt. Dass es nicht genau die Art von Straßenaltar ist, der spontan und anonym entsteht, erkennt man erst etwas später daran, dass es vier Zugaben gibt, Kästchen, die rund um die Gedenkstätte stehen und in denen sich Bücher der Dichterin befinden, – zwar an die Kette gelegt, aber als ich einige Tage später wiederkam, waren doch schon einige „befreit" worden. „Die Wahrheit ist dem Menschen zumutbar" springt einem ihr bekanntester Satz entgegen Ein Schweizer Künstler ist Autor dieses Gedenkortes und trotz dieses Vorwissens konnte ich auch nicht anders als emotional auf die Gedenkstätte reagieren. – Ein Stück weiter in einer kleinen Passage zur U8 findet sich der Beitrag der amerikanischen Künstlerin, die mit einer „Volksboutique" bekannt wurde. Sie hält Schätze aus einer „Welt der Weisheit" bereit, die hervorragend zum Umfeld passen, das Vergangenheit aufbewahrt: Ein kleiner Strumpfladen und ein Geschäft für Ostprodukte. Und aus dem russischen Laden stammen die bunten Bonbons, die am Tag der Eröffnung verteilt wurden, von Sandwich-Mädchen, die eingezwängt waren zwischen Zuversicht verbreitenden Sprüchen. Die Schilder, die jetzt als Aufsteller zu sehen sind, erinnern in ihrer Anmutung zwischen Amtlichkeit und Lebenshilfe an Aufbauzeiten in Ost und West, aber die Zitate liegen inhaltlich oft ein wenig neben der Spur „Arbeiten und nicht verzweifeln" von Thomas Carlyle erkenne ich wieder, aber alle Sprüche werden anonym präsentiert, der so genannten „Welt der Weisheit" angehörend. „Die Gedankenfreiheit haben wir. Jetzt brauchen wir nur noch die Gedanken." Oder: „Freude an der Arbeit lässt das Werk trefflich geraten. "Die Künstlerin sagt, sie fände es gut, gerade auf dieser Ebene im Untergrund tätig zu sein, neben den kleinen, glanzlosen Läden.

Diese anachronistische Konsumebene behauptete sich noch eine Weile, scheinbar unbeirrt von dem, was sich darüber in den oberen Schichten des Bahnhofs und an der Oberfläche veränderte.

Dann war diese Passage aber plötzlich wieder preisgegeben und zeitbereinigt, kein einziger kleiner Laden mehr übrig, so als sei alles nur ein Spuk gewesen und so temporär wie die künstlerischen Eingriffe.

MATHIAS JESCHKE
Vögel & Insekten

Emberiza citrinella

Die Goldammer überm weizenblonden Feld.
Glänzt wie das hochsommerliche Haar
einer lang schon Verflossenen, die daliegt,
als sei Zeit ein Nichts. Und dieser Weg
zur Arbeit ein Steg aus warmem Holz.

Sie installiert sich selbst in einem Brombeerbusch
als Leuchte der Beteuerung: Wie, wie, wie
hab ich dich lieb! Und sieht es ab auf mein
Gedächtnis. Es kracht in den Synapsen,
Erloschenes kommt unverhofft zum Vorschein.

Ich zieh mir die Sandalen aus und spreche:
He, hier bin ich! Es umfängt mich dieser Sommer
mit feuchter Erde, mit Honig verheißendem Klee
und einer Idee vom zügellosen Leben, das
nackt in die sirrenden Nächte hinausläuft.

Fang mich doch! Die Goldammerlampe erhellt
mein Gesehne, Verlangen, scheint mir zur Zier.
Nicht wie ein brennender Dornbusch,
doch wie in der Kapelle das ewige Licht
als Herz und Kern und Gnadensame.

Phoenicurus ochruros

Der fidele Hausrotschwanz umschwirrt mich
mit Geknickse und Gewippe. Sein Gesicht
unter der schwarzen Haube meine ich
schon lange zu kennen. Wie diesen Brief,
der in einer Lade meines Hinterkopfs ruht.

Was sagen die Zeilen, die Zeichen, das Zittern?
Es riecht nach blühenden Linden, das Laken
der Nacht, es flattert. Die knatternde Flagge,
ein Hoheitszeichen. Und ich hatte geglaubt,
dies sei es, das Land, auf dem ich frierend steh.

Welcher Prophezeiung fall ich anheim,
wo sind die Erlöse der Unruh? Ich werde
im Garten umlauert von diesem wippenden
Vogel, als wisse er, dass es nicht gut wär,
mich in diesem Zustand allein zu lassen.

Lange hielt ich ihn nicht mehr in Händen.
Nun knie ich vor der knarrenden Truhe
und wühle mich durch vergessene Schichten.
Da fällt mir ein Auge ins Aug, eine Brust
in die Hand, vorzeitig verheißenes Land.

Corvus corone

Die Rabenkrähe federt über die Wiese,
ein zweidimensionaler Scherenschnitt
in einer dreidimensional erscheinenden Welt.
Was hebt mich über erlittenes Unrecht hinweg,
wenn nicht der Anblick der Natur.

Meine Jüngste hält sie für klein und wünscht
sich eine von ihnen auf die Hand. Sie, die
eine besondere Begabung hat dafür,
diese Welt und ihre Erscheinungen in ein
austariertes Beziehungsnetz einzuflechten.

Sie schläft jetzt neben mir und die über das
Gras staksenden Krähen verwandeln sich
in meinen Träumen in lebensfeindliche Ideen.
Wie sollte es lohnen zu leben in einem
Käfig aus Gepränge und Geschmeide?

Wie viel Schmerz ertrage ich und wie will ich
das Bittere verkraften, wenn ich nicht
den gütigen Augenblick nutze, es loszuwerfen.
Einen Anker, eine Urne in die wallende See,
einen gellenden Ruf nach Rettung, ein Gebet.

Milvus milvus

Der Rotmilan, er schwingt auf seinen
Schwingen, heiteres Gleiten, freies Schweben.
Mit seinem Weben schreibt er in den Himmel,
was er glaubt und was ihn treibt, erfüllt.
Was ihn jäh dann zur Erde hinabstürzen lässt.

Er hebt mich auf. Wie dieser Blick, der mich
traf aus einem fremden, an der Supermarktkasse
kurz aufblitzenden Gesicht, Bluse und Rock
aus der Strandboutique. Warum haben die Frauen,
mit denen James Bond zu tun hat, nie Kinder?

In dieser Szene sind es zwei, rothaarig, wie
ihre Mutter. Die Augen ebenso lustig blinkend.
Und am Abend sitze ich und versuche mich
im Wiedererfinden, im Einfangen dessen,
was an der Kasse ich sah und empfand.

Find ich Erfüllung im tastenden Niederschreiben
meiner Suchbewegung? In der Unterwasserwelt
bin ich bekannt als Gekammertes Perlboot, ich
steige und sinke. Und frag mich stündlich, es ist
ein liebliches Mantra: Wie heiße ich heute?

Podiceps cristatus

Bis zu 40 Meter tief taucht der Hauben-
taucher, um seine Jungen mit kleinen
Fischen zu versorgen, genau so tief
ist der See. Ich tauche ab, wenn ein Wort
fällt, ein falsches, zu lautes, verletzendes.

Du weißt nicht, wie lang ich unten bleibe
und wann ich wieder auftauche und
ob überhaupt. Geschweige denn, wo.
Im nächsten Moment setzt sich in der
Straßenbahn ein junges Pärchen zu mir.

Er könnte ich sein vor Hälfte des Lebens.
Sie, ganz bewundernswerte Schönheit
rollt das R, dass eine osteuropäische Weise
erklingt in meinem Herzen, eine Welle
von Toska, Traurigkeit, die ich, hätte ich

eine Flasche zu Hause, in Wodka ertränken
müsste. So mache ich gute Miene, lächle
freundlich, steige aus und gehe nach Haus.
Um wieder dort zu sein, wo ich aufbrach, am
kühlen See, an den ich vielleicht schon gehöre.

Anoplotrupes stercorosus

Der Waldmistkäfer, der auf der Lichtung
liegt. Warum nur liegen so viele von ihnen
auf dem Rücken und offensichtlich tot auf
dem Weg, nicht von Vögeln gefressen,
nicht zertreten? Leuchtzeichen aus einer

verborgenen Welt der Farben. Liege ich
auf dem Rücken, kommt niemand und
staunt, meine Farben sind innenliegend.
Anders als die der jungen Frau, die heute
am Geländer des Bahnsteigs lehnte.

Gelassen rauchend. Orangenes Barett,
hahnenfußgelber Rock und pinkfarbene
Leggings, weiche, gelblederne Stiefel.
Die Augen – wenn ichs richtig sah – grün,
die Haare natürlich rot. Sie nahm eine

Beretta 418 aus der grünen Handtasche
und hielt sie mir drohend unter die Nase.
Ich drehte mich schnell wieder auf den Bauch,
um mich hinter einer erfundenen Existenz aus
dunkler Kühle und Abgeklärtheit zu verstecken.

Drosophila melanogaster

Die schwarzbäuchige Taufliege ertränkt
sich selbst in der Falle aus Obstessig, Zucker
und Spülmittel. Ein Gemisch wie von Shakira
ersonnen. Borke, Ahorn, ihre Stimme, kehlig,
von dunklem Honig benetzt, zu beizenden

Rhythmen, verlockt dazu, jetzt endlich die
längst schon lästigen Hüllen fallen zu lassen.
Die strandnahe Freude am wirklichen Leben
zu teilen, große Nähe verheißt sie zu uralten
Wünschen nach basaler Erfüllung. Ist das

nicht das, was du und ich miteinander wollen,
komm, lass dir einschenken und lass uns jetzt
bitte diesen torfmoorrauchigen Whisky trinken,
aber lass uns bloß nicht sprechen, worüber wir
immer schon besser geschwiegen hätten.

Du und ich, wir Vagabunden in galaktischen
Regionen erlesener Ausdauer, wir haben
lernen müssen zu kämpfen, das hat uns
zu Jedis gemacht. Tanzen und Überleben
sind eins, Verwundungen sind Ordensmale.

Acanthocinus aedilis

Der Zimmermannsbock an der Holzwand,
sonnenerhitzt, schwenkt seine Fühler von
fünffacher Körperlänge wie Suchscheinwerfer.
Solche Fühler habe auch ich und ich ertaste
euch bei euren Gefühlen und Gedanken.

Und denke zu meinem Leidwesen: Scheiße,
ich bin verantwortlich oder könnte euch beihelfen,
verändern. Ihr seid die Kurzen, ich bin der Lange,
der Ausufernde, Ungebärdige und Unfassbare,
dessen emotionale Empfindsamkeit euch scannt.

Das versteht keiner, der es nicht von sich selber
kennt, aber ihr spürt etwas davon, ein schieres
Unwohlsein, mal eine leise Sympathie, gleichzeitig
so etwas wie Abscheu oder Überdruss, da es
euch zu nahe kommt. Lasst euch nicht verhärten,

lasst euch ein! Kommt mir nah, aber nicht zu sehr.
Eure kupfernen Gedanken, euer sehnendes
Suchen erfasse ich mit der Angel meines Geistes.
Und das meint nicht den Intellekt, sondern die
emotionale Intelligenz, die in Gedichten denkt.

Pyronia tithonus

Das Rotbraune Ochsenauge, das erst auf
meinem blaukarierten Hemd saß, flog auf
zu meinen Lippen, um mich beileibe zu küssen.
Ein Zeichen der Gegenwart, eine Zärtlichkeit
der Schöpfung mir gegenüber an einem Tag,

an dem ich meinen ersten – zugegebenermaßen
nicht sehr hohen – Berggipfel erklommen hatte.
Ich spüre das zärtliche Gewicht der Tat
dieses Falters, seine Aufforderung, etwas
zu verstehen, was mir bisher verborgen war.

Der steinige Weg, auf dem ich die Last meines
Lebens hinaufgetragen habe, wird mich
vergessen. Ich aber werde nicht vergessen.
Nicht den Weg, nicht den Kuss des Schmetterlings
und nicht den Blick vom Gipfel in alle vier Winde,

denen ich etwas zuflüstere dort oben auf dem
Berg, eine Beichte, die mich entlastet, eine
Sure, einen in den Wind geschriebenen Psalm,
sodass ich leichter hinabsteige und freier an den
Fuß des Berges zurückkehre, freier von mir.

Pentatoma rufipes

Bei der Paarung der Rotbeinigen Baumwanze
wenden sich die Kopulisten voneinander ab.
Wie viel Zuwendung dann noch in dieser Ab-
wendung enthalten ist, ich werde es nicht
erfahren, wenn ich mich auch gut auskenne mit

Abwendungen. Unter den gemischten Winden
färben sich Berge und See in dramatischen
Farben, das Wasser gelb, der Himmel rosa,
die Berge violett, ein Tag zur hellen Freude aller
Expressionisten. Und kaum gucke ich kurz weg,

fängt es schon wieder an zu regnen. Kann ich
der Kapitän sein, der uns durch dieses fahrige
Fahrwasser bringt, allen Widrigkeiten zum Trotz?
Was will ich weitergeben an meine Brut, die
aus der dunklen, weiten Welt in meine Arme geriet?

Welches Leben will ich leben? Was ist das Ziel?
Ist es wirklich dieses ständig ziehende Sehnen
nach weicher Haut, Einverständnis und Berührung.
danach in andere, wohlwollende Augen zu gehören?
Ich bleib in Bewegung und wechsle die Stadien.

INGRID FICHTNER
Vierzehn Gedichte

SO WINTRIG

dieser Morgen wie er
schleicht er kommt er geht
denk' ich für mich
unter den Wolken
grösser die Flocken jetzt
und all die Formen
nicht zu zählen
unter den Wolken
lauter die Glocken jetzt
und dann verebbt der Klang
und keine Liebe
denke ich für mich
und nicht eine Landschaft
dauert ewig

SCHON WIEDER WIRD

ein Jahr   es bahnt sich
an   winkt   Mai im Februar?
ist es April?   ist das ein Lenz?
ein März   mit Leberblümchen
bleibt es April   (ein Kriegstanz)
bleibt es April   ein ganzes   Jahr?
lauert vielleicht August   mit Schnee?
lechz' ich nach Juni   Juli   Ringelblume
Akelei?   Stechpalme und Liguster
lassen weiße Blüten fallen   ich seh'
die schwarzen sehe die roten Beeren
denke Dezember   (neues Jahr)
ein Glöckchen (liegt da etwa Schnee?)
(winkt Mai?)   seufzt   Scheuchzer!
ich sehe Sommer   Wiesen   üppig
strotzend Löwenzahn und Hahnenfuß
ich seh' das Gelb von Winterlingen und
von Goldröschen ich sehe Sonnenblumen
Hecken voller Rosen Blüten im Oktober
wieder erster Schnee und schon wieder
wird es Januar wird es November auch
im Mai und schon wieder wird ein Jahr

DÄMMERLICHT

den ganzen Tag hindurch
auch wenn schon Knospen
schwellen unter den Wellen
von Grau von Dämmerlicht
so Januar

MAI

und Blitz und Donner
und Wolken die brechen
der Regen strömt in Striemen
als kleine Teller klatschen Tropfen
auf die Straße ist ein Teich
der Asphalt wird zum Spiegel:
Monets *Seerosen* in Schwarzweiß

SO FELSEN UND ALGEN

und wärmeres Meer
so ein Kopffüßer
mit Lust auf Bewegung
von einem Becken zum anderen

Jeder Fangarm hat sein Gehirn!
zwischen Felsen und Algen und
Becken so sommerliches Verhalten
zwischen Haut und Denken

VOM RAND DES KRATERS

von der schwarzen Kruste
träge vor sich her geschoben
Lava schimmernd aufgebrochen
durch die Öde kriechend
zwischen Fumarolen dann
das Brennen krud bis an
ein Blau

SO TROPFEN VON LUFT

unter diesem Anschein
von Himmel auch wenn
der Wind fingert nun
ist es stiller das Grün
dünner

HEREINBRECHEND

ein weites spätes Blau
eine gläserne Welle
eine leichteste Brise
eine Samenmenge
scheinbar schwerelos so
Samen angeschwemmt
so Samen die ansetzen
eine Insel zu erobern so
Samen die wurzeln ...
noch wert gewärmt
zu werden

BANGALORE, 100 FEET RD.

von weitem oder auf den ersten Blick
breitet die Stadt sich seiden aus (auf
Tradescantia folgt Bougainvillea folgt
Spathodea alle blühen) dann überwältigt sie
wird windgepeitschte Welle wird zur Woge
schier grenzenlos der Lärm und der Verkehr
ich sehe unter meinen Füssen keinen sicheren
Boden mehr

LEICHTE ÜBERLAGERUNG

von Buchstaben von Ziffern
von Himmelsrichtungen so
offen die Luft die gefühlte
Temperatur der Unterschied
ich sehe die Amsel ich schaue
den goldenen indischen Pirol
ich denke den Libellenschwarm
und friere hier

DAS KLEINE MAL

im Nacken
am Unterarm
die Härchen
ein Schimmer
(war da auch Scham?)
das Lächeln
in den Augen
wie Zeit die in die
Brauen taucht der Blick
rückt die Ferne
von unter der Haut

DIE UNMITTELBARE UMGEBUNG

Zur Lokalen Gruppe – Licht und Jahre
versuche ich mir vorzustellen und
den Nebel und seine Blauverschiebung
zuerst auch noch ein bisschen Leben:
einer kümmert sich um Täubchen
einer bestäubt weibliche Blüten
einer verkennt einen Wein einer
sägt Äste ab einer wirft Knochen
ins Feuer einer soll aus den Rissen
die Zukunft lesen – zur Lokalen
Gruppe zählen wir und ins Größere
steuern wir (so sagen sie) und
verschmelzen werden wir
mit der uns nächsten Galaxie

ODER WAS SICH SO IN WELLEN

durch die Zellen zwängt
        [ein Herzschlag]
                schleust
                      [ein Herzschlag]
                              drängt

dieses Vögelchen, das sich in meinen Kummer verflogen hat ...

durchs leicht verwilderte Herz
[virtuell lässt es sich in jeden gewünschten Zustand versetzen]

ich borge mir eine Landschaft
[an Teichen an Auen an Bachläufen
auch die Prachtlibelle sieht die Spinnennetze nicht]

ich versuche die Sonne auszublenden
                und den Himmel rundherum zu messen

und dass Wolken weiße Ränder haben können
gilt auch hier

FLÜGEL, FRAGMENTE;
DER ENGEL

... schüttet ein Grün
              direkt ins Meer
und erzeugt eine heftige Wasserbewegung

und fliegt ein stückweit unter Wasser
und passt sich der Bewegung der Fische an
und bewundert einen cirrentragenden Kraken
und den Paarungstanz zweier Rochen

und taucht auf
        und guckt sich Fang und Beifang an
            und einem Schlammspringer zu

und freut sich an einer Seele
und freut sich an einer Seele die sich um die Abfälle kümmert

und hütet sich vor einem Palmendieb
und winkt einer Schönechse nach
(jede hat ihren eigenen Rhododendronbusch)

und streift schnell mal durch den ältesten Wald der Welt
        (und macht sich damit unsichtbar)
und hat so alles sofort wieder im Blick
     (die Tarnung ist perfekt)

und sieht das harte Ringen zweier Nashornkäfer um ein Weibchen
(der Sieger ist eher ein Kämpfer als ein Liebhaber;

                        das Weibchen setzt sich ab)

und denkt an ein rituelles Feuer
und winkt der Seele schnell noch mal
und ändert die Richtung eines Winds
und bringt sintflutartigen Regen

und zählt einhundertdreißig verschiedene Kannenpflanzen
und lässt eine Kannenpflanze ein paar Fliegen verschlingen

                       (so eine Kanne ist ein Kosmos)

und wählt eine warme Nachtstunde
und verwandelt eine Blüte in einen Schmetterling
und wippt den Zweig und spiegelt die Flügel

                    (mal zart mal grob gemalt)

und hängt ein c in den Himmel
und reiht es recht locker

         (so als gereifte Überzeugung)
und schwebt es ganz unbefangen

und steigert den Zauber ... aus dem Flattern
des Falters wird mehr und mehr ein Zittern
dann hört auch dieses auf

MARINA BÜTTNER
Sieben Gedichte

WANDEL DER NACHT

ich verstehe die nacht nicht
ich sehe gelöschte wolken über einer staubschicht
aus zwielicht genährt von großstadtneon
der impuls ist eindeutig: ein herz

fassen & gehen
da ein mond & die sterne & alles
erbleicht weil die stadt im vordergrund
farbe verstreicht jeder augenblick mit netzen verhängt

ich steige vorsichtig über das dunkel hinweg
streife temperaturen ab gleite durch
die straßen mir fehlt erde nur asphalt
unter den füßen & die halbe welt auf den beinen

SAUERSTOFF

verwaschene und verklumpte luft
einschlüsse im morgen
die vorsehung weist laut auf
gebeugte landschaftszeugen
seit geraumer zeit läufige fragen...
zersprungenes schädelgehäuse

verloren bleibt das wort zur nacht hin
ein lebensbaum wird gefällt
eitle köpfe in der gegend verstreut
abziehende wasser aus nun trockenen mulden
liefern beiläufig gründe für ungefähre
schätzungen ob die luft sich neu verteilt

im labyrinth unter deiner
stirn der verdacht einer aufgabe durch
ausbeutung der denkweise –
sie fielen ein in dein land und
der luftdruck sank kälte und dürre
alle leuchtfeuer verblasst.

SUCHE

ein gebäude marode
ein garten irgendwo dazwischen
vergraben die lust
unter meterdicken schichten
aus geerbtem erdreich

rotweiße absperrbänder
nachtsichtgeräte
spürhunde bellen
rostige brechstangen an
es riecht nach gewitter

ein tümpel blinzelt mit
modrigen augen ins mondlicht
wie unkraut am weg
wächst zweifel
ob die vermisste noch lebt

ZU RECHT BRECHEN

ich bleiche

mein stern sinkt,
spänc, vom leben abgehobelt,
fallhöhe meiner haut.

hohle gedanken & zähne-
knirschen, knapper atemsog
schwindel dreht mich.

botschafter liefern befehle,
schicken mir fremde eigenschaften,
ich stammle verwundet &

werde stumm. die hälfte
der zeit ist um, zu spät ist zu spät ist
die zukunft wiegt nicht mehr.

andauernde vergangenheit,
die spanne zwischen wer
bin ich & frag mich nicht.

ausgestopfter leib, verpasstc,
nie gesungene lieder, ich breche
recht & sperr mich ins leben.

BLICKFANG

ein streichholz-
dünner zaun
ein fallgitter dieser
insektenvorhang als
schutz
vor eindringlingen
&
dann

wie beim
aufschlag
die 100 fliegenbeine
sich erheben
rauschend
alles sich auf-
klärt
und leuchtend
die tiefblaue see
steigt
herüber schwappt
an meinen dunklen
strand
kurz verharrt
bevor sich er-
neut dein blick
senkt.

KOPFZERSTECHEN

schmerzkappen über-
             gestülpt
gehirnschalen
wie abraumhalden
           aus-
geschabte
gedankenmütter
tragen nichts mehr
           aus
verkehrsberuhigten
zonen dringt hupen
doppelt so laut

alle knochen lang
verwitterte straf-
zettel unterm lid
alle dichtungen
           leck
die halterungen
           weg
gefegt vom ge-
föhnten fallwind
unfrei
           verschickt
richtung instabil

meine zeit hält die luft an ...
ich zähle rückwärts, suche gründe,
finde keine
schweige
ich atme ein
ich atme aus
ergreife das wort
und treibe die zeit wieder in richtung wirklichkeit.

HÅVARD REM

Gedichte aus dem Band 30 – 40 – 50

Aus dem Norwegischen übersetzt von Klaus Anders

PULVERKAFFEE

Mit einer Tasse Kaffee
auf dem Weg in die Schreibstube
rieche ich das Lebensgefühl
des späten Teenagers
allein in einem Haus
an einem Vormittag
im frühen Herbst.

Und noch Jahrzehnte später
kann ich mit einer Tasse Kaffee
in ein Haus gehen
mit einem Lebensgefühl physisch
als Geruch von
Sauerampfer Fahrradöl
Pulverkaffee

IHR MUND

Es ist ein Mund, die Linien so sanft,
zugleich scharf. Es währte manche Stunde,
ihn in Stein zu meißeln. Käm Regen dann
und strömte drüberhin. Es ist ein Mund,

die Lippen wie Blütenblätter von Rosen schwellend
an Sommermorgen, Blätter, die sich wiegen
im Wind, unmerklich, wenn als Dunst im grellen
Sonnenlicht die Tropfen Tau verfliegen.

Es ist ein Mund, der schönste, den ich weiß.
Ich hab ihn nicht berührt, ich wollte schon,
in eines Sommermonats lichter Ewigkeit.

Und ihre Haut so warm. Aber ihr Mund,
als ich ihn küßte dann in Gardermoen,
war kühl, frisch wie die Schnüss von einem Hund.

Gardermoen: Flughafen von Oslo

DIE SPRACHE IST EIN STURM

Die Sprache ist ein Sturm
Die Poeten sind Bäume

Die Stimmen, die du liebst oder nicht
Es ist nur der Wind Der Wind

der durch die Baumkronen fährt
Einen Ton für jeden Baum

Du liebst es so oder so
Du liebst das Rieseln im Espenlaub?

Du bist nicht so begeistert
von Nadelbaummusik?

Du findest, die Birke singt wahrer
als die Fichte?

REPARATUR

Hält euch die Dunkelheit derart fest
weil ihr es dunkler habt als andere

oder weil die Dunkelheit spannender ist?
Klempner, sagte ich

sind nicht seltener krankgeschrieben als Poeten
doch wenn sie jobben

jobben sie in Häusern
wo etwas zu Bruch gegangen ist

WAS DU HAST

Du sagst, was du verlierst
Du schreist heraus, was dir fehlt

Du verhöhnst, was verschwindet
und segnest, was kommt

oder umgekehrt
aber

du hast keine Worte
für das, was du hast

DIE SACHE

Laß uns zur Sache kommen
Ich habe Gedanken und Gefühle

die nahezu jeder Popmusiker
stärker ausdrücken kann

Ich habe Gedanken und Ideen
die meine philosophisch besser geschulten Freunde

besser im Griff haben
Es ist möglich Es ist unmöglich

GEHEIMNISKRÄMEREI

Für kurze Zeit war euer bevorzugter kultureller Austausch
daß ihr Bourdieu gelesen hattet
der eine neue Zeitrechnung begann
als er entdeckte daß
alles Geld ist

Wir die in der alten Zeit leben
hatten das immer gewußt
Die Sprache weiß es von selbst:
Daß Einsicht kapitalisiert werden kann
war niemals irgendeine
Geheimniskrämerei

AN DEN SCHLAF

Du den ich verließ
wegen anderen Frauen

Du der mich verließ
wenn ich allein war

Du meiner treulosen Geliebten Schlaf
bist meine Frau geworden

Wir teilen das Bett
in reifen Jahren

Endlich
können wir uns aufeinander verlassen

NACHLASS

Du hinterließest
Musikinstrumente
und Pillendose

Auf den Instrumenten konnte ich nicht spielen
doch ich betäubte deinen Tod
einen regenschweren Sommer lang

ALTER MUSIKANT

Du warst einmal ein leerer Raum
in überfüllten Stuben und Sälen

Du fülltest ihn mit Musik
Du fülltest dich mit Erinnerungen

Nun bist du ein überfüllter Raum
in einer leeren Stube

Die Erinnerungen sitzen in den Fingern
Die Erinnerungen können abgespielt werden

LUST

Das weiße Fühlen sagt: Ich laß dich gehen.
Alternative: Nachzulaufen. Du
hast die andere: Drehst dich im Nu
das kindlich-klare Blau zu sehn.

Dämonisch harte Augen sahst du in
der Nacht, die immer deinen Sinn noch lenkt,
wenn Dunkelheit ihr Grauen in dich senkt
und nirgends weilend deine Blicke wehn.

Das dunkle Fühlen sagt: Bleib hier,
geh nicht! Wir dursten. Wenden uns zurück,
sind hautlos heftig wie beim ersten Wir.

Ich geh im Schlaf auf wieder neuem Weg.
Sonne, weck mich! Nein, du bist nicht genug.
Oh, Löschzug! Joggingschuh! Elektroschock!

WENN DER WIND DER WORTE

Wenn der Wind der Worte
über die Gedanken geblasen hat

werden dieselben Gedanken gedacht
doch die Gedanken sind nicht dieselben

denn nun wirbeln die Gedanken
wie   wie   wie

gelbes und herbstliches Eichenlaub
pudriger Farbstaub

MICHAEL GIRKE
Das Meer und das Feld

Der Weg hinaus ist nicht ohne Tücken. Kaum hat man ein paar Schritte getan, gerät man an eines jener Gebäude, deren Trieb unstillbar ist. Längst überragt es die Umgebung, aber immer scheint es noch ein Stück höher gewachsen, noch gigantischer geworden. Mein Schritt wird schneller, das Gebäude erzeugt das Tempo. Erst nach und nach beruhige ich mich, und endlich kommt die Stadt ganz an ihr Ende.

Nur noch über den Hügel und dann auf Diebrock zu. Erleichtert betrete ich: offenes Feld. Manches hier, etwa die alte, krumme, gewiss nicht ansehnliche Brücke, die ich nach einigen Windungen erreiche, ist mir inzwischen ans Herz gewachsen. Sie hat viele Zeiten überdauert, wohl weil man sie vergessen hat. Setze ich mich nieder, steigen meine Erinnerungen vor mir auf. Als ich ein Junge war, ging mein Großvater an langen Sonntagnachmittagen mit mir spazieren. Er beantwortete alle Fragen, wusste die Namen von Gewächsen, Tieren und sogar Steinen. Merkst Du, sagte er oft, die Stille ist gar nicht still, sie ist von leisem Tönen erfüllt. Die Welt meiner Eltern hat so geklungen, auch die ihrer Eltern, und wiederum die ihrer Eltern; lauschend bin ich ihnen allen verbunden. Rätselworte für ein Kind, doch die Wärme seiner Stimme bewirkte, dass alles, worauf er wies, ein Teil unseres Zuhauses zu sein schien. In Wahrheit hatte ich keinen solchen Großvater. Manchmal spinne ich beim Gehen traumverloren Szenen, die mir Entgangenes ersetzen. Doch stets gelingt es dieser Umgebung, einfach indem sie sich zeigt, mich aufzuwecken.

Einst floh ich aus der Kleinstadt, in erster Linie vor denen, und es waren viele, die alles mir Wichtige als überflüssige Träumerei abtaten. Umzug nach Berlin, das versprach etwas. Bei jeder Rückkehr, jedem Besuch bei den Eltern ein Erschrecken: wie wenig aufregend alles hier, und wie unscheinbar. Das Geschehen auf einer Kinoleinwand am Kurfürstendamm war mehr Welt als dies. Bis dann etwas geschah. An einem schönen Ferientag ging ich an Herfords Rändern spazieren und gelangte an ein Roggenfeld, das Korn reif und hoch. Plötzlich fuhr ein Wind durch die Ähren. Welch ein Wogen das war, ich konnte meine Augen nicht mehr davon lösen. Wie ein Meer.

Während die Wellen hin und her gingen, kam mir eine sentimentale Reise wieder in den Sinn. Mit einer Jugendfreundin nach Irland. Wir wollten die Grandiosität des Meeres spüren, sie einatmen, ein Teil von ihr werden. Wir berührten uns, liebten uns nahe einer Steilküste und verstummten dann. Was gut war, denn zum Meer fiel mir weiter nichts ein; es war bloß eine Einöde, die kein Ende nahm. Als ich mich nun aber an besagtem Feld umblickte, entdeckte ich etliche daran angrenzende Bäume, in Nuancen und Details völlig verschieden voneinander; Steine, die, wenn man sie aufhob und näher ansah, wirkten, als seien ihre Musterungen künstlerischem Willen entsprungen; Wege, die sich an die Landschaft schmiegten und zu verstreuten Häusern oder Fabriken hinführten; Fabrikgebäuden im Übrigen, die sich beschränkten. Es war ein anderes Meer.

Dieser Tag brachte Veränderungen in mir hervor. Gerade jene Dinge, die ich früher nicht einmal bemerkte, erfreuten mich nun, tun es bis heute, tun es immer aufs Neue. Ich wüsste gern, wie man sich bei den Dingen bedankt.

Einige Meter nach der windschiefen Brücke steigt der Weg ganz allmählich an. Wenn man sich umblickt, ist bald der auf der gegenüber liegenden Seite Herfords sich ziehende Hügel auszumachen. Ein Stück weiter zeigt sich schließlich: er gehört zu einer Kette, die in immer undeutlicheren Gliedern dahinläuft und Salzuflen, Lemgo und andere Nachbarorte einfasst. Der Eindruck, den man von dieser Landschaft gewinnt, verändert sich mit jedem Schritt. Und alles hier erzählt, alles will entziffert werden.

Besteht nicht ein Großteil dieses Landes aus solchen Provinzen? Anders als das Meer aber sind sie von Menschen gestaltet, Generationen haben sie bewusst beackert, bepflanzt, bebaut. Dieselben Ostwestfalen, die mich bisweilen befremdeten, sie haben mit Hilfe der Elemente diese Landschaft hervorgebracht. Bloß komponierten sie diese so, dass sie für viele unsichtbar ist, wenig mehr als ein Wegrand. Für mich ist das, wie gesagt, anders. Ich komme her so oft ich kann, nur um zu schauen. Nie weiß ich, wohin das Schweifen und Schauen mich führt, nur dass sich, wenn ich mich ihm überlasse, immer etwas zeigt.

Einmal, als ich mit dem Fahrrad querfeldein in Richtung Enger fuhr, erschreckte ich einen Schwarm Meisen in einem Maisfeld. Sie flogen sprühend auf, ich folgte ihnen mit Blicken, hob ab; für Momente gehörte ich, was mir wohl niemand glauben wird, zu ihnen. Nur eine Episode des hier Erlebten, und nicht einmal eine wichtige. Was hingegen ist das Meer? Ein Nebel, der uns umlagert, eine Unendlichkeit, welche die Welt, die doch die unsere ist, verschluckt.

EINE LANDSCHAFT

1

Eine Baumreihe, die eine Bergkette hinanführt. An die nicht sehr dicht beiein-
anderstehenden Nadelhölzer schmiegt sich eine Straße an. Auf der schmalen,
einspurigen Asphaltbahn: Ein Radfahrer. Er trägt seine dünne Jacke offen, so
dass sie im leicht gehenden Wind ab und an flattert (bisweilen wird sie auch
ein wenig gebauscht). In der Ferne lassen sich an einigen Stellen zerfurchte
Wiesen ausmachen. Auf einem der kurzgemähten Rasenstücke: Eine
Bretterbude, an der ein großer rissiger Reifen lehnt. Langsam (sacht, oder eher
mühsam?) zieht der Wind über die Landschaft hin – das am Rand der
schmalen Straße wachsende Gestrüpp gerät in ein Zittern. Der Radfahrer mit
der offenen Jacke kommt an einer Scheune vorbei. In der Nähe des flachen
Gebäudes liegt ein von einer Plastikplane eng umschlossener Heuballen. Er
wirft einen langgezogenen Schatten vor sich hin und verdeckt damit zum Teil
einen Schotterweg, an dem sich eine Holzbank befindet. Unweit der gelb
gestrichenen Bank ist unter einem Baum ein Auto (ein Kleinwagen) geparkt.
Die Fahrertür steht offen. Sie weist ins Tal hinab, in Richtung eines
Schienenstrangs. Auf der einen Seite des Bahndamms: Arbeiter, die das Gras
mähen. Sie tragen orangefarbene, jeweils mit drei Leuchtstreifen versehene
Warnwesten und weiße Schutzhelme. Einer der Männer hält gerade inne,
nimmt den Plastikhelm vom Kopf und schaut in die Gegend (ja, in die Ge-

gend). Parallel zum Bahngleis verläuft eine Straße. Die Fahrbahnmarkierungen flimmern (flirren?) in der Sonne. Auf den Wiesen, die sich der Landstraße anschließen, sind Strommasten angebracht. Die zwischen ihnen gespannten Kabel hängen beinah reglos da (sie bilden Risse in der Landschaft?). Unweit eines der Pfähle, in der Ferne: Ein dichtes Stück Wald, das einen gezackten (ausgefransten?) Schatten wirft. Brachliegende Felder umgeben die Baumgruppe. Drei Windräder lassen sich ausmachen. Ihre Blätter drehen sich nur sehr langsam. Hinter ihnen deutet sich eine Reihe von Hügeln an. Aus einer der Erhebungen ragt ein sich nach oben hin verjüngender Turm. In ihm hängen Wolkenfetzen. Schnell indes zerlaufen (zerfließen) sie im Azur, das nun immer mehr zu einem Block sich entwickelt. Auf der Bergkette jedoch, zu dem die Baumreihe führt, liegen (noch) beinah durchgängig Wolken auf. Sie stauen sich. An dem Radfahrer mit der offenen Jacke fährt soeben ein Lastwagen vorbei. Während des Überholvorgangs tritt eine dichte Rauchwolke aus dem Auspuff heraus. Rasch jedoch verflüchtigt sie sich in der Landschaft.

2

Baumreihe: Ein Kompositum, dessen zweiter Bestandteil ein unter anderem in der Mathematik gebräuchliches Wort darstellt. Mit Hilfe einer *Fourierreihe* etwa lässt sich eine periodisch-stetige Funktion in eine trigonometrische Funktion überführen. Der Begründer der *Fourierreihe*, Jean Baptiste Joseph Fourier, wurde 1768 in der Nähe von Auxerre, einer kleinen Stadt in der Bourgogne geboren. Er zählt zu den 72 Persönlichkeiten, deren Namen man am Eiffelturm angebracht hat. 4 Plätze unter Fourier, an 71. Stelle findet sich der Name von Lazare Nicolas Marguerite Carnot. Lazare Carnots Sohn, Nicolas Léonard Sadi Carnot, gilt als Begründer der Thermodynamik. Nach ihm ist eine Station der Marseiller Trambahn benannt. Sie liegt in unmittelbarer Nähe der *Place des Moulins* (einem kleinen Platz inmitten des sogenannten Panierviertels). Wie Sadi Carnot beschäftigte sich Fourier zeitlebens vor allem mit der Wärmelehre. Als Fouriers Hauptwerk – diejenige Schrift, der sich die Aufstellung einer *Fourierreihe* verdankt – gilt die im Jahr 1822 veröffentlichte *Théorie analytique de chaleur*. Die entsprechende Studie beginnt mit folgenden Worten: „Les causes primordiales ne nous sont point connues".

Bretterbude, auch dieses Wort findet sich im vorstehenden Text: Wie das zweite Glied dieses zusammengesetzten Substantivs so lautet (zumindest in graphischer Hinsicht ergibt sich hier Äquivalenz) der Name einer englischen Kleinstadt: Bude liegt im Norden von Cornwall. Nach dem Küstenort ist das *bude-light* benannt, eine Erfindung Goldsworthy Gurneys. Ein *bude-light* leuchtet ungewöhnlich hell und intensiv. Gurney entwickelte im 19. Jahrhundert die sogenannte *Argand-Öllampe* – ein Produkt, das auf Aimé Argand zurückgeht – zum *bude-light* weiter, indem er dem Feuer mehr Sauerstoff als zuvor zuführte. Aimé Argands Vater, Jean-Louis, verdingte sich als Uhrmacher. Er stammte aus Bonne, einem kleinen Ort in der Haute-Savoie, von dem aus man, bei entsprechenden Witterungsbedingungen, einen ausgezeichneten Blick auf das untere Arvetal hat. Die Arve hinwiederum windet sich mit einer Länge von etwa 120 Kilometern durch die westlichen Alpen. In Frankreich trägt sie die Gewässerkennzahl V0--0200, in der Schweiz die Flussnummer 92.

Nun zum Wort *Geflecht*: In der Medizin bezeichnet man mit seinem lateinischen Äquivalent Plexus eine Sammlung, ein Bündel von Nervenfasern oder Blutgefäßen. *Plexus* wird entsprechend der u-Deklination flektiert, der Plural dieses zweisilbigen Substantivs lautet mithin *plexus*, wobei das u langgesprochen wird. Der *Plexus brachialis* bildet sich aus den Nervenwurzeln C5 bis Th1, er ist unter anderem für die Sensibilität in Arm und Schulter zuständig. Bei dem Wort *Geflecht* handelt es sich im Übrigen um ein Derivat, eine Ableitung vom Verb *flechten*. Als *Natté*, geflochten, firmieren Textilien, die in Panamabindung, einem Schachbrettmuster, gewoben sind.

Das Kompositum *Plastikplane* schließlich: Es enthält als zweiten Bestandteil ein Wort, das nicht nur eine Abdeckvorrichtung, sondern auch einen im Jahr 1859 versiegten Fluss in Ibbenbüren bezeichnet. Am 12. November desselben Jahres führte Jules Léotard in Paris als erster Mensch überhaupt einen Salto auf dem Trapez vor. Léotard übte als junger Mann das Seiltanzen über einem Toulouser Schwimmbecken, mit dessen Betrieb sich sein Vater den Lebensunterhalt verdiente. Während seiner Artistenlaufbahn erfand Jules

Léotard ein hautenges Kleidungsstück – als Sportbekleidung ist es noch heute unter dem Namen *Leotard* gebräuchlich (den *accent aigu* verlor das Wort vermutlich, weil es sich über den englischen Sprachraum vermittelt ausbreitete; bei dem französischen Wort, das die meisten solcher Akzente enthält, handelt es sich im Übrigen um das Nomen *hétérogénéité*). Léotard selbst nannte das von ihm erfundene Trikot *maillot* – unter diesem Namen kennt man es dieser Tage zum Beispiel noch im Radsport.

3

Zwei Hände mit nicht sehr langen, dünnen Fingern. Gewölbt und nah beieinander liegen sie auf der Tastatur auf. Beim Abtippen des Wortes *Baumreihe* spreizt sich (für einen Moment nur) die linke Hand, während sich die rechte kaum merklich bewegt (der *Plexus brachialis* wurde, so steht es zu vermuten, enerviert). Ähnlich, wenngleich mit einem geringeren Abstand, der sich zwischen dem kleinen linken Finger und dem linken Daumen bildet, verhält es sich (trägt es sich zu?), als es das Wort *Bretterbude* einzugeben gilt.

Über den Rücken der tippenden Hand verläuft ein sich deutlich abzeichnendes Geflecht (ein Plexus) aus Blutgefäßen. Dick zieht es sich über die Handwurzel hinweg den Unterarm entlang. Erst allmählich, da es auf die Armbeuge zugeht, wirkt es weniger erhaben. Helle dünne Haare übersäen den Oberarm – auf dem Handrücken sind sie nur noch als Ausläufer (einem Flimmer gleich?) zu sehen. Die kurzgeschnittenen Fingernägel lassen sich lediglich als Andeutung erkennen, da die Hände nicht flach auf der Tastatur ruhen. Einzig die Daumennägel macht man in der Schreibstellung, in der sich die Hände gerade befinden, problemlos (ohne weiteres?) aus. Ein kleiner Leberfleck an der linken Hand (am Zeigefinger) fällt ins Auge. Im Sonnenlicht, das soeben recht stark (in ähnlicher Intensität wie dasjenige, das eine *Argand-Lampe* oder gar ein *bude-light* wirft?) auf sie fällt, wirken die Hände ein wenig blasser, als wenn Schatten auf sie niedergingen. Bisweilen strecken sie sich über der Tastatur aus. Sodann werden die Handknochen (für einen Moment nur) deutlicher sichtbar als zuvor. Fältchen (waagerecht gezogen, parallel zueinander verlaufend, sich hier und da treffend – mit Hilfe einer

Fourierreihe wird man sich der Gestalt dieses Geflechts wohl kaum annähern können) überziehen den oberen Teil der Finger.

Am linken Arm befindet sich eine schwarze Uhr. Das Band umschlingt ihn sehr eng. Es hält ein (an einigen Stellen mit Kratzern versehenes) Ziffernblatt zusammen, das bis über die Handwurzel ragt. Am Rand des Ziffernblatts lässt sich ein kleines silbernes Rädchen ausmachen (bei genauerem Hinsehen erkennt man, dass es gerillt ist). Es weist in Richtung der Finger. Beim Eintippen des Wortes *Plastikplane* (in dem Moment, da mit dem Ringfinger das *a* gedrückt wird) gerät die Hand, an der sich die Uhr befindet, in eine Drehbewegung; sehr rasch indes liegt sie wieder wie zuvor auf der Tastatur auf. Während die linke Hand die Drehbewegung vollführte, spiegelte sich im Ziffernblatt der Uhr ein aus drei Taschenbüchern bestehender Stapel. In der Uhr spiegelte sich der auf dem Vorderschnitt des unteren Buchs angebrachte Bibliotheksstempel (ein blaues, ins Lila gehendes Oval, in dem sich eine Folge von fünf Buchstaben sowie, darunter, der Name einer größeren Stadt befindet). Das oben liegende Buch ist geöffnet: Auf der aufgeschlagenen rechten Seite sticht die von einem Punkt beschlossene Wortfolge *in der Landschaft* hervor (auch dies gab das aus Plastik bestehende Ziffernblatt zurück). Nachdem mich der Lastwagen überholt hatte, bremste ich, stieg vom Rad und stellte es an einem nahegelegenen Baum ab. Für eine Weile genoss ich den sich mir bietenden ausgezeichneten Blick auf das untere Arvetal.

IN DIE GEGEND. SKIZZE

Ich kam aus dem Kino. Den Bildern hing ich noch ein wenig nach, als ich mich zur Bushaltestelle begab; der Bus ließ auf sich warten. Ich setzte mich in das Wartehaus, das unweit der Straße, neben einer großen Werbetafel stand. Mein Blick fiel auf eine zerbeulte, auf dem Bordsteinrand liegende Getränkedose. Auch auf ein weggeworfenes dünnes Prospekt, das der Wind (nur sehr mühsam) über den Gehsteig zog, achtete ich für eine Weile. Ich sagte mir (in Gedanken) einen der Werbesprüche, die ich darauf (mit einiger Anstrengung) entziffern konnte, kurz vor mich hin, und beließ es bei diesem einen Spruch. Auf der gegenüberliegenden Straßenseite schloss eine junge Frau gerade ihr Fahrrad an einen niedrigen grüngestrichenen Metallzaun an. Da im Moment kein Auto vorbeifuhr, vernahm ich das dabei entstehende Geräusch (ein Klingen, ein Klirren?). Dann kam der Bus. Ich setzte mich auf einen der vorderen Plätze, ans Fenster, und schaute hinaus. Der im Bus angebrachte Fahrkartenautomat wurde während der Fahrt so stark durchgerüttelt, dass die darin aufbewahrten Münzen in ein Scheppern gerieten. Hier und da setzte es sich mir außerhalb des Busses fort: Ich fand es wieder bei einem auf Kopfsteinpflaster entlanggeschobenen Fahrrad und bei einem leeren Einkaufswagen, mit dem ein junger Mann auf einen Supermarkt zuging.

Es begann sehr stark zu regnen. Vor einem mehrgeschossigen Wohnhaus machte ich eine Gruppe von Passanten mit aufgespannten Regenschirmen aus. Man müsste sich auf einen der an den umstehenden Häusern angebrachten Balkone stellen und sich die Schirme, auf die der Regen (soeben besonders drängend) trifft, von oben beschauen, dachte ich bei mir. Fortan übte ich mich in Draufsichten: Den Bus etwa stellte ich mir als rissige Fläche vor, auf der sich hier und da Erhebungen (die geschlossene Dachluke etwa) vorfinden ließen. Auf einem großen Balkon sah ich dann eine nachlässig über die Lehne eines weißen Plastikstuhls gelegte Jacke (offenbar war sie dort liegengeblieben, nachdem sich ihr Besitzer, angesichts des einsetzenden Regens, eilig ins Haus zurückbegeben hatte). Auch auf eine zwischen zwei Masten gespannte dicke Stromleitung fiel mein Blick. An einer Ampel hielt der Bus wenig später so ruckartig an, dass ich aus meinen Draufsichten herausgeriet. Ich beschloss, nunmehr durch die Frontscheibe des Busses auf die Straße zu schauen. Das gleißende Rücklicht des voranfahrenden Autos störte mich jedoch alsbald so sehr, dass ich den Blick abwandte. Ich sah wieder durch die Seitenscheibe hinaus auf die vorbeiziehenden Häuser. Der Regen ließ beständig nach. Als ich an der nächsten Haltestelle aus dem Bus stieg, war die Wolkendecke aufgerissen, die Sonne schien plötzlich sehr stark; sie stand so tief, dass ich mir zunächst (bis ich mich an die Helligkeit gewöhnt hatte) meine Hand als Sichtschutz vor die Augen hielt. Ich beschloss, in den nahegelegenen Park zu gehen. Auf dem Weg dorthin kaufte ich mir an einem Kiosk eine Tageszeitung und steckte sie in die Innentasche meiner Jacke. Ich kam an einem Platz vorbei, auf dem (an hohen rotgestrichenen Stelen befestigt) Werbeplanen im Wind flatterten. Neben den Stelen befand sich eine Reihe von Freitischen. Sie gehörten zu einer Eisdiele. Unweit der Eingangstür, an der Wand befestigt: Eine kleine Fahne, auf der eine Waffel mit drei Kugeln Eis abgebildet war. Wie die Werbeplanen flatterte die Fahne unablässig im Wind. Für einen Moment blieb ich vor der Eisdiele stehen und beobachtete, wie eine junge Frau einen Löffel in den großen Eisbecher tauchte, der vor ihr stand; dann setzte ich meinen Weg zu dem nahegelegenen Park fort. Als ich an einer roten Ampel stand, fiel mein Blick auf die gegenüberliegende Straßenseite, auf einen mehrstöckigen Neubau. Eine junge Frau betrat ihn soeben durch eine Drehtür. Mir war es angenehm, die Drehtür ausschwingen zu sehen: Ich wartete solange an der Ampel, bis sich die Tür nicht mehr bewegte. Durch das Schaufenster eines Geschäfts sah ich dann, wie eine ältere Frau aus Versehen einen Schal auf den Boden fallen ließ. Als sie sich herabbeugte, um ihn aufzuheben, kam ihr ein Verkäufer zu Hilfe. Ich verfolgte noch, wie er der Frau den Schal reichte. Meinen Blick wandte ich dann rasch wieder auf den Gehsteig. In wenigen Minuten erreichte ich den Park.

Ich saß auf einer Bank, unter einem Baum (einer Linde?), und schaute in die Gegend: Ein breiter Fluss, auf dem eine Reihe von Ausflugsbooten dahinfuhr. Wohnhäuser säumten ihn; auf einem Balkon ließ sich ein (mit Kleidungsstücken dicht behängter) Wäscheständer ausmachen, auf einem anderen hochgewachsene Pflanzen (in große eckige Keramiktöpfe gesetzt). Ein paar Schritte hinter der Bank wand sich ein breiter Fußweg. Ich vernahm das Knirschen, das die Spaziergänger auf dem Kies verursachten; auch das Geräusch der vorbeigleitenden Fahrräder (man sollte es Scheuern nennen, überlegte ich mir) ließ sich hören. Ein paar Schritte von mir entfernt, auf einer anderen Parkbank: Eine ältere Frau, die in einem Taschenbuch las und ein junger Mann, der einen (unter einem niedrigen Baum stehenden) Kinderwagen hin und her schob. Ich wendete den Kopf wieder in Richtung Fluss. Was ich sah? Eine durch die Luft fliegende gelbe Frisbeescheibe (wie eine Bö sie erfasste und sie einige Schritte vom Fänger entfernt zu Boden gehen ließ, wie der Fänger sich einen Augenblick später langsam herabbeugte, um sie aus dem niedrigen Gras zu nehmen). Als er die Scheibe (er bewegte sie dabei, bevor er sie losließ, in seiner Hand mehrfach vor und zurück und deutete so den Wurf an) wieder zurückwarf, gelang es mir, den großen, auf der Unterseite der Scheibe angebrachten Aufkleber (das Preisschild) zu entziffern. Mir fiel dabei auf, dass sich die Schnürsenkel der Turnschuhe, die der Fänger trug, gelöst hatten. Dann wurde ich auf eine in einem Gebüsch hängende Plastiktüte aufmerksam. Sie bauschte sich im Wind. Wenig später fiel mein Blick auf eine junge Frau, die mit einem durchsichtigen Luftballon (an einem langen dünnen, ebenfalls durchsichtigen Plastikstab befestigt) in der Hand, am Fluss entlanglief. Schließlich sah ich auf eine Hauswand. Was ich vorfand? Ein weit offenstehendes Fenster, das den Blick auf ein (ein wenig schief an der Wand hängendes) Filmplakat freigab. Darauf abgebildet: Ein Tisch (und ein Stuhl) vor einem Café. Ein Kellner ließ sich ausmachen. Er trug eine Bluejeans, ein Hemd (er hatte es in die Hose gesteckt) und eine schwarze Gürteltasche, aus der ein Notizblock stak. Er war gerade im Begriff, das Café zu betreten, und blickte sich noch einmal kurz um. Ich rief ihn zu mir, bestellte ein Glas Wasser, nahm aus meiner Jackentasche meine Tageszeitung und ließ mich auf den Stuhl nieder, der neben dem kleinen Tisch stand. Was ich sah? Einen breiten Fluss, auf dem eine Reihe von Ausflugsbooten dahinfuhr. Auch mich sah ich: Ich saß auf einer Parkbank, unter einem Baum (einer Linde?) und schaute in die Gegend.

AUF DEM HALTESTELLENGELÄNDER

Auf dem Haltestellengeländer: Zwei Jugendliche (beide – wie abgesprochen – mit gelben Basecaps). Gesträuch fährt (surrend?) an den Metallstreben entlang. In einer der Wartehauswände lässt sich ein tiefer Riss ausmachen. Was sich einstellt, was sich ergibt: Ein Einverständnis. Ich bin damit einverstanden, dass der Riss längs verläuft. Ich bin damit einverstanden, dass das Gestrüpp (für einen Moment nur) innehält. Auch damit, dass einer der Jugendlichen mit den Beinen wippt, bin ich einverstanden. Erst, als sich die Straßenbahn (ratternd-dräuend?) in Bewegung setzt, halte ich ein, ergehe ich mich nicht mehr in meinem Einverständnis.

WIE ICH

Wie ich (mit meinen Gedanken) ins Stocken gerate, da es gilt, ein Wort für die Bewegung zu finden, die eine weggeworfene Plastiktüte auf dem Pflasterstein vollführt. Als sich der Beutel in einem Fahrradständer verfängt, ist er mir so nahe (tritt er so nah an mich heran), dass ich aus mir heraus gerate. Das Hupen eines Autos, das wenig später vernehmlich wird, entreißt mich dann aber sehr rasch meinem Dämmerzustand (meinem Schauen).

WIE ES GELINGT

Wie es gelingt: Der im Wind torkelnde, leere Plastikbecher (auf einem Glasquader). Den Wolken etwas (gleich was) anbefehlen. Ein Strohhalm in den Schienen des Nachbargleises. Und: Eine (gestempelte) Fahrkarte, die der Wind übers Gleis schleift; ihr folge ich fortan mit meinem Blick.

EINE PLASTIKTÜTE (IN EINEM BAUZAUN VERFANGEN)

Eine Plastiktüte (in einem Bauzaun verfangen),
vom Wind gebauscht.
Am Himmel: Ein breiter Kondensstreifen,
und ein graues Motorflugzeug.
Ich lasse mich von ihm mitnehmen,
über mich hinweg.

ICH UMHEGE MICH

Ich umhege mich:
Mit einer Fabrikruine,
mit einem Baum, der starr in der Ferne steht,
mit einem am Straßenrand geparkten Auto,
und: Mit dem Nachhall der Schritte,
die ich setzte, um in diese (meine) Landschaft zu gelangen.

AUF EINER BANK SITZEN UND IN DIE GEGEND SCHAUEN

Auf einer Bank sitzen und in die Gegend schauen:
Ein an einem niedrigen Baum abgestelltes Fahrrad.
Dichtes Gestrüpp, durch das der Wind (krächzend?) zieht.
Fernwärmerohre, schwarzgestrichen, mit Schriftzügen übersät.
Und: Der Durchgang zur Straße (darüber der Bahnhof).
Etwas mitnehmen, auf dem Weg ins Gebirge,
mehr lässt sich nicht verlangen.

DIESER TAG

Dieser Tag:
Als ob das Baugerüst dort drüben,
als ob die Plane, die an ihm angebracht ist,
als ob das Flattern, in das sie soeben gerät (der Wind frischt auf),
als ob das klappernde (oder eher klackernde?) Geräusch,
in das sie dabei verfällt,
nur mir zustünden.

EIN VON EINER SCHWARZEN PLANE BEDECKTES MOTORRAD

Ein von einer schwarzen Plane bedecktes Motorrad.
In einer Astgabel: Eine Wollmütze.
Eine Radfahrerin, die tief in die Pedale tritt.
Auf dem Fußweg: Ein zerdrückter weißer Plastikbecher.
In seinen Rillen richte ich mich ein.

TIMO BRANDT
Von den Wäldern

Immer wieder zurückkommen auf das Objekt selbst [...], auf das, was es unterscheidet: unterscheidet vor allem von dem, was ich (bis zu diesem Moment) schon über es geschrieben habe.

Francis Ponge

I

Kreolische Stämme, keine Völker, sondern Kiefern, Bäume,
       die aus ihren Wurzeln heraus kaum knacken und nur wehen,
eine wirkliche und doch fast schon von der Hand zu weisende Erfahrung.

Diese Schiffsmasten, ohne Operndecken, ohne Gladiatoren, Hymnen und Rauschen
       macht daraus zwar eine Menge, aber keine Stimme; du bist anwesend,
aber wer ist abwesend, dass so eine Fülle in der Leere bleibt, überhaupt.

Keine Gischt und doch die Variationen von Welle, die der Wind verbaut, verzögert,
                                           verströmt.
       Keine Lianen oder Sonnenrippen
               versperren den Weg,   kein Eichelheer,
keine Teppiche, sie auszuschütteln, keine Kerzen, sie auszublasen – nachts
               wird es einfach dunkel.

Und es fehlen vielleicht die Planken am Boden, etwas fehlt.

Der sichere Halt,

denn du bist sicher, während die Bäume wanken, aber nicht brechen,

du gehst. Und die Angst vor dem Brechen wächst in den Himmel. Was wankt –

II

Das Auslasten (Ablasten?) ungesichteter Müdigkeit, das Uferrinnen der Sicht,

das fortgewaschen wird von rundgebautem Wasserschlag, der Kugel,

die du voranschiebst: deine Blicke, die Masten; ein Segel

ist auf jede deiner Neuronen tätowiert,

ergänzt.

Und für manchen sind alle Bäume braune Ladebalken und du ziehst „Bitte warten"

aus der ganzen Umgebung, doch bist du das Programm? Den Wald kannst du

nicht laden, dein Speicherplatz ist zu voll mit andern Dingen – Mensch, du,

nicht Wind.

(Allerdings: wenn du wolltest, könntest du dich einfach formatieren,

in diesen Kegeln verschwinden, diesem weiten Feld der auf- und abgereihten

wie Leere aufgebauten Zündholzstreifen, unbeeindruckt ein Gefühl von Kernen

in ihrem Anblick, fruchtfleischarm; aus welchem deiner Sinne kam dieses Eindrucks

Antrag?)

III

Eine Würdigung an das, was ungesagt bleibt von den Treppen der U-Bahn, den Gemälden

an den Wänden, dem Schritt-weit-Verstehen der Gelehrten, Musik, dem Funkeln

der Boote und Kaufhäuser, weit draußen;

die lächerliche Finsternis fließt das alte Klavier des Fröstelns und der Tannen, beides, hinauf

und hinunter und du hörst das allererste

Rauschen.

Wo die Existenz der Raumnot sich noch unterdrücken lässt – eine Grundidee

von Grün **Kraft**

wie sie in den Nadeln wächst *fein* – diese gewöhnliche Absicht in den Farben
definiert sich selbst.

Da, wo Platon überstimmt wird, sich verläuft – die Kiefern vor lauter Wald
      nicht sieht – sind wir noch immer angekommen. Wir sind der sparsamste Teil
in diesem Bild; Gott oder ein Animus hat die Kosten übernommen und etwas
                (ein Ding?)
      ist an so viel Freiheit verschwendet, du selbst willst es nicht sein
          und schlenderst, gehst hinein ins Wesen oder fort.

Es gibt viel zu viele Wörter mit B und G, viel zu viel was rau und sanft ist, außerhalb
      deiner weichen Augen, deines harten Nervs.

IV
Sich mit Bedeutung anfreunden oder ihr widerstehen, für einen Wald spielt das
      keine Rolle und die Bäume fragen nicht: wer wird gefällt? Fragt der Wind:
Ist weniger da? In seine krakenden Versuche Stillstand zu verjagen, wie er auflegt,
      kannst du diese Frage stellen, aber was war mehr da, du oder er?

V
Was wäre, wenn man alle Gedanken und Gefühle in Kiefern unterbringen müsste, diesen
      Dingen aus Rinde und Ring; man müsste sie nicht zählen, jede Anzahl Bäume,
           die man
nicht zählen kann, hat einen Wald, ein Gebäude, doch durch Wälder musst du gehen
          können, damit
sie sind.

Müsste man alle Gedanken und Gefühle in diesen Kiefern unterbringen, verschwinden
          lassen,
      mit den Winden, den Winden da oben, schon wieder; könnte man sie
          runterfahren …

VI

Es gibt viele Bäume und die Menschen sind zahlreich. Es gibt Gedanken und Füße, nebst
       Schritten, Nadeln: grüne Blutkörperchen, eine einzelne kannst du zwischen
                                          Daumen
und Zeigefinger rollen, kannst einige sammeln, spießig, aber sie wolken oben kontolos,
           als Welle, als Riss, als Schneise, geborgen.

VII

Unter Wasser setzen, den ganzen Wald, das hohe Holz, wie einen Rachen, die Blätter,
       nicht stürzend, nur schwebend, und an den Wipfeln wie ein Eisberg
entlangschwimmen, hinunterblicken auf die Loire, wenn am Abend die Sonne

versinkt und die Nadeln sind die Barten eines alten toten Wals, zerflossen zu Stämmen,
                Bäumen und Kiefern.

VIII (weiter)

Die Stille der Welt vor Bach. Die Stille der Welt vor den Bäumen. Die Stille der Welt
       vor Nadeln, Blättern, Laubgebläsen und Steuerämtern und dem
Archaeopteryx. Den Knochen im Boden, dem tam-tam der Tierhäute, muhend,
                       dem Feuer.
       Die Bäume kannten … die Kiefer (schwarz, kein Mundstück, Note) kannte
sie wirklich
       die Stille der Welt vor Bach.

(Es gibt Bach, es gibt Oboen, es gibt Plattenspieler, MP3's und es gibt Ohren.)
       (Es gibt das Rauschen in den Wäldern, das hat mit all dem
gar nichts zu tun.)

IX

Ich glaube, man sollte auch über Vögel schreiben, diese Gezeiten der Wälder, in
         den Kiefern natürlich kaum Inbrunst, keine Telegraphenanmut (warum
fließt der Strom nicht einfach durch die Bäume) – wie hoch muten die Vögel
       unserer Erfahrung den Himmel zu, als Lebensraum, als Antitraglast,

Fundbüro der Ferne. Die Bäume, das Trällern, Wind; Wifi, dieses Wort wäre
    mit Wäldern zusammen,   fast zu schön.

X

Keine Druckzettel, Steckbriefe, hängen aus, nichts was man tun kann: die Flotte
    am Auslaufen hindern, eine Umweltbewegung gründen oder
zumindest einen Baum pflanzen – der Wald bleibt im Wald, keine Sehens-
    würdigkeiten, außer dem Muster des nahen, einzigartigen Stamms, an nichts
soll es dir fehlen, so versteckt sich die Vielfalt, eine verfolgte Art, im Ganzen, und
                                    jeder Baum

        ist wirklich.

XI

Und jeder Baum ist alt. Kohlenstoff ist so nüchtern im Gegensatz zur Zeit und was
    die Blätter auch gemeint haben, es ist längst von ihrem Rauschen
eingeschneit, in das Hohe und Verzettelte der Luft geschlichen, gesetzt, wie Tinte, diese
    Tinte Luft, un- oder auffällig dem Staunen, aber wir reden ja hier über Nadelbäume,
                            Vorsicht.

XII

Das Gefühl, dass Fledermäuse eigentlich Gedanken sind; gibt es Fledermäuse
    in den Kiefern, gibt es Gedanken
im Kopf? oder reicht die Illusion? die Vorstellung von Köpfen – reicht
    sie aus? wie hoch hinaus, so hoch hinaus, wie die Gedanken
andererorts und hier die schnittigen
             Raketenblumen, Bäume …

XIII

Das was für die Menschen dann und wann Luft ist, diese Einbildung, hier
    ist sie ganz unmöglich; die Bäume wissen, was
Luft ist, viel besser als du sie ihnen ansiehst, als du es nennen könntest, wir
    kennen nur den Ansatz der Erscheinung, was unsere Wege verkühlt, bewirft
        und hinderlich ist,

aber nicht das wahre Erleben, das sehr weit über uns geschieht. Unser Irrtum
                bewegt nichts,
nur unsre tiefere Lunge.

XIV

Frei zu atmen könnte ein Geschenk der Sterne sein, des Himmels, das Meer
          hätte seine Wellen im Spiel haben können, seine Weite, doch
dieser eine Trumpf gehört den Bäumen, mit ihren seltsamen Fotosynthesen, keine
                Biologiereferate, nur entwickelte Natur –

von ihrer Bedeutung spricht sich keine Fernsehreportage herum, reicht nicht aus.
Mit dem Auge eh nicht zu ersehen, wo das Atmen gewonnen wird,
          verbraucht wird es hier: ich, wandernd, stellenweise
erneuern sich die Zellen, die Rinde und die Haut.

XV

Von Peter Handke lernen Wälder zu beschreiben, das Ende
         des Flanierens; doch was die Füße, Augen, Farben lehren,
    kann das je ersetzt werden   mit
einem Peter, ein paar Sätzen, Partizipien? Man stelle sich das so vor: an einen
           Weihnachtsbaum Partizipien gehängt, keine
Kugeln – und den ganzen Wald zu schmücken, wie sähe
         das aus, für das Flanieren, Wandern, die Stille, das
Vogelzwitschern der Zeit, ohne Achse und Räder … Entwicklung erscheint,
         aber kein Fortschritt,
auf dem Radar der Natur.

XVI

Und was man aus Bäumen auch baut, bindet,
        einen Wald, wie man ihn Wald nennen kann, haben wir noch nie
gebaut.

XVII

Wenn es nirgendwo anders im Universum Bäume gibt, trotz der Sterne,

        die durch die Kiefernhäupter, schwarze Schatten,

Silhouettenabnahme, Faserpinseldunkel, Knacken-/Streichentauschen

    leuchten als wären sie das Hauptprogramm,

  bleiben für mich die im Schlagloch Wind Gefundenen, die Fadenstärken der Nacht,

das Schönste;

  wie Müsli getränkt von der Milch unserer Blicke bei Tag,

nun entbunden, greifendfern vom Himmel, das Wunder entgeht dem Notizbuchwort,

        diese Geschöpfe entgehen und entgehen nicht.

(In der Dunkelheit kein Aufnahmeantrag. Nur Ankommen.)

ZWEI BRIEFE

I - *Hughes an Sylvia*

Du hast das Knallen nicht gehört.
Du hast das Papier nicht gehört.
Dieses „Sterben ist eine Kunst wie alles andere,
    Ich kann es besonders schön" durch meine Tränen sehn.
Diese deine Zeilen stecken wie ein Beil in meiner Hand
und sie entzünden nachts meine Kerzen.

Ich habe rote Blütenblätter an dein Grab geschickt, ich selber weiß nicht,
                              wo es sein kann,
die Hälse, die Stängel, die Dornen und Blätter
                      hab ich weggelassen.
Vielleicht liegt in ihnen eine Spur von Kuttenlicht, das ich nicht haben will.

Bei uns zu Haus brütet der Sommerwind viele Steine aus,
die Winterhitze ist unerträglich
und es wird nie mehr so sein ... (aber das alles interessiert dich nicht) ... ?

                die Kerze ist für mich erloschen,
                    warum für mich?

Schreib mir bitte ein Gedicht,
ein paar Zeilen,
        ein paar Fuchsspuren,
denen ich folgen kann zu deinen geschlossenen Augen, dem Bau.
Ich will sie nur noch einmal berühren, deine Hände.
Ich werde all die Dornen herausziehen, werde sie halten.
Ich will noch nicht, dass dein Haar vergangen ist.

Schreib mir bitte, Sylvia, wie du dich fühlst ...

Es ist kalt hier. Und lange her.
Die Rosen welken, wie du es versprochen hast.
Und der Tod hält dich,

        (Spuk in den Windungen, eine Herzmenge Durchzug)

er hebt deine Hand hoch,
wie ein Zeichen, ohne Vetolaut:
Du bist tot.   (Und ich? Bin ich der Tod?)

II - *Sylvia an Ted*

Lass mich nicht erfrieren!
Lass mich nicht erfrieren!,
hier im einsamen Leuchtturmlicht!

Sie karren Gezeiten
                    und Wellen heran,
nur damit ich schweigen kann,
über Steine, über Steine! Ted, ich

will nicht noch mal sterben,
die Gefühle sind schon rot,
Licht und Dunkel
erlöschen in Gesichtern, Bällen. Brüllende
Knoten. Sie wettern und schweigen
            und noch mehr Wellen schlagen ein,
so krachend, Spindeln, heran, voller
                    Kiesfrucht.

Lass mich nicht allein hier
im Kältetodzuber, frierend ...
Mein Vater wirft ihn gurgelnd hin und her

und ich schwappe nur, wie Eis
            schwappe nur,
Ted
                    und
erfrierc.

Lass mich nicht,
lass mich   nicht,
noch länger sinnlos schreiben, Ted ...

MONET BLICKT AUF GEMÄLDE UND TEICHE

Und als Monet sich vorbeugte sah er nicht sich – er sah
nur Seerosen, Seerosen, Seerosen, soweit das Auge reichte.
Und er malte viele Bilder von diesen Seen, in denen
er sich selbst nicht sehen konnte.

Und sie wurden sehr berühmt – wobei er den Eindruck hatte
er habe immer wieder nur versucht   einen Teil
von sich selbst zu malen; etwas, das tief in ihm verborgen
nur in diesen Bildern Gestalt annehmen konnte
in der Form der plötzlich verstandenen Schönheit
der Rosenformen auf spiegelndem Wasser,

wie sie etwas offenbarten und etwas verdeckten.

ALS SIE VORLAS

Schönheit, ein Kraftfeld, unberechenbarer Inhalt, kein
Rezept, nichts Letztendliches, eine
Aufnahmeerscheinung, Antiverzögerung, die sich
direkt unter die Haut verirrt. Eine Befreiung
des Wesentlichen, das dich nicht zerstört.

NACH EINEM ATTENTAT IN KABUL

Nach einer Weile haben sie Teppiche auf die Opfer gelegt.
„Das Gras in ihren Augen ist jetzt windstill", sagen sie.
Ich weiß nicht wieso, aber das bringt mich fast um.

Der Händler, der die Teppiche verkauft, verlangt nichts.
Er ist am Ende aller Verkäufe angekommen.
„Die Bome ist explodiert." Direkt neben seinem Stand.

Für ihn muss es doch aussehen, als würden sie
die Teppiche wie Verwundete auslegen,
auf die Toten, die immer schon da waren.

Links steht ein Soldat und zieht an seiner Hose;
sie passt ihm nicht und rutscht ständig. Vielleicht
bekreuzigt er sich auch, keiner will etwas sehen.

Die Gewehrlaufspitze klackt immer wieder an die Hauswand
                                        aus Sandstein. Glattschwarz.
Widerschein im Sonnenlicht. Eine Frau
wischt sich einen Salzstein aus dem Augenwinkel, als würde sie
ihn in der Hand verwahren – ihn später in den Brotteig kneten.

Irgendwo gehen die Toten nun einen langen Gang entlang.
Ein lächelnder Mann kommt auf sie zu, knipst ein Bild.
„Was wollen Sie denn
                        für die Teppiche?"

MARTIN PIEKAR
Wolken-Triptychon

WOLKENFORMRATIONEN

I

Ich habe heute hochgeschaut
Häufig gewarnt: könnte kitschig werden
Aber dort war nichts Kitschiges, dort
Könnte etwas passieren
Nur wohin? Und wie viele
Ich folge mehr Wolken
Als Personen auf Twitter
Ich freu mich
Vor allem unangekündigt
Die Wart's App hilft Zeit
Zu überbrücken
Könnte etwas passieren?
Aber ich lasse doch bewusst
Alle passieren, Wolken, Menschen
Passieren lassen

D.h. nicht untätig ver-
Harren. Passieren lassen, lässt einen
Aktiv gegen sich selbst werden
Und ich frage mich
Was mich hier passieren lässt.

II

Kein Passwort erlaubt dir
Hier mehr oder weniger
Wohnen, schreiben, dichten
Ein Schaf. Ein Hase. Eine Ente
Wir sollten gemeinsam Gedichte schreiben
Ich schreibe und ihr rast
Um die Welt. Wie viel von mir
Ihr doch seid. Mein Name
Wird damit verbunden (werden)
Aber wer hats geschrieben?
Wir sollten gemeinsam Gedichte schreiben
Kondensstreifen sind Versuche
Von Verslängen
Ein Schaf. Ein Hase. Eine Ente
Die Tiermetapher ohne Metaebene
Hier wird sie möglich
Formvergleiche, die absolut
Sichtbar sind. Vergleichbar sind
Wir gar nicht so sehr, wie ich es
Gerne hätte. Ich schaffe es Gedichte
Mit euch zu formen. Wohl niemals
Schaff ich es, euch
Mit Gedichten zu formen
Wie sie es mit mir taten.

III

Weißes Blattpapier nebst Abendwolke
Ich glaube, ich werde einen Papierflieger losschicken
Aber i can't pass the port, politisch wie
Geo- ja geo- was eigentlich?
Rechnet man Wolken noch der Erde zugehörig?
Ciemny pokój
Oder pokóju ciemnoty
Ich weiß nicht, was mich hindert
Wenn es Nacht wird, vielleicht
Weil ich nicht weiß
Was Wolken nachts sind?
Und welche Farbe haben sie dann?
Der Mond als Röntgenarzt
Durchleuchtet sie mir
Damit ich eine Diagnose stellen kann
Worüber ich schreibe. Aber trotz
Radiologie i can't pass the word wunderschön
Bin ich jetzt in Wolken oder
Bin ich im Schreiben. Deutsch
Polnisch oder Englisch, an manchen Abenden
Nobody expects the polish inquisition
Wechselt es
Wie Atemarbeitszeit der Nasenlöcher
Ich kann dort nicht sein und hier
Nicht bleiben. Fuck the System und gehe
Mit der Nacht
Bis morgen.

Für Johannes CS Frank

WOLKENFORMNATIONEN

I

Ich habe heute hochgeschaut
Häufigste Warnung: könnte kitschig werden
Aber dort war nichts Kitschiges, dort
War wie ein Staat
Indem Steuererklärungen
Rechtfertigungen ein-
Geschlagener Richtung
Nachvollziehen. Meine Passports
Erlauben mir dort weder
Einreise, noch Irgendperson. Und
Einer läuft bald ab
Ich weiß nicht, ob Deutsch
Oder Polnisch. Ich weiß nicht
Ob Deutsch oder Polnisch
In die Sterne geschrieben. Aber
Eine Geschichte weiter hinterm
Horizont der Wolken-
Formnationen. Wieso
Sie so viele sind und doch nur ein Staat?
Das liegt am Raum der Grenzen, den Wolken
Nie beachten. Sie verhandeln ihren Flug
Wie Zimmer. Nicht ohnehin ist
Im Polnischen das Wort für Zimmer
Und Frieden
Ein und Dasselbe. Pokój
Ein Friedenszimmer
Es sind keine Grenzen nötig.

II

Kein Passwort erlaubt einem
Hier mehr oder weniger
Wohnen, wie mans nimmt
Ein Schaf. Eine Ente. Ein Hase
Kondensstreifen sind Versuche
Sich zu immigrieren
Wo wir überall hin möchten
Wenn uns pokój zu eng wird
Ein Schaf. Eine Axt. Exekutive
Von Wolken ist ein Zug
An Argumenten; fort
Die Pässe sind der durchführenden
Gewalt egal. So egal
Wie sie manchmal mir
Und manchmal nicht mir sind
Wären die Wolken ein Zug
Stünden sie auf dem Abstellgleis
Sie sähen aus wie
Bitte nicht einsteigen
Wären Wolken Zuckerwatte
Hätte ich Diabetes
Eine Ente. Ein Kondensstreifen. Ein Hase
Ich lieg den Wolken hin
Und wieder ist meine Denke
Mime ihrer Formen
Ein Schaf. Eine Axt. Exekutive
Wo alles neu-, um- und
Wiedergebildet werden kann
Finden weniger Exekutionen statt.

III

Weißes Blattpapier nebst weißer Wolke
Ich glaube, ich werde einen Papierflieger losschicken
Ich möchte nicht drohen sondern Drohnen
Ich kann den Wetterbericht im Internet
Noch so häufig lesen
Ich kann die Meldungen in Nachrichten
Noch so häufig lesen
Ich werde nicht wissen, was wo vorgeht
Vielleicht weiß ich nicht, was was ist
Vielleicht nicht, wo wo ist
Und vielleicht weiß ich nicht was vorgeht
Das wird von den Wolken aufgenommen
Ich weiß nicht, ob sie einen Unterschied
Zwischen Wahrnehmung und Aufnahme machen
So haben doch auch Wolken Unterschiede
Wieso erachten wir Wolken nicht als Individuen
Wieso erachten wir Individuen nicht als solche
Wenn Leute nicht wissen wollen
Was in der Welt vorgeht
Wollen sie über den Wolken leben
Wenn ich in die Wolken will
Dann um mehr in Welt zuweilen
Ich werfe den Papierflieger
Ich starre auf mein Smartphone
Ich starte die Wart's App.

WOLKENFORMSTATIONEN

I

Ich habe heute hochgeschaut
Häufig Eigenwarnung: könnte kitschig werden
Aber dort warst du
Du warst natürlich nicht da, aber es war du
Wir beide haben geschrieben, schreiben
Ins Blaue hinein. Du wirst so oft
Vom Himmel aufgelesen
Ich habe nur mein U-Boot-Bewusstsein
In den Wolken. Wo du nichts zurechthämmern
Kannst. Fatal den Formen
Fatal das Formen ausgeliefert
Als ich aufs Erwachsensein hinschrieb: Früher
Heute: fühle ich mich kleiner als
Seit du mir erzähltest
Wenn du in die Wolken
Schaust mit Celan –
Sich selbst regnend
Sich einsehen –
Und nicht nur an deinen Stern denkst
Sondern, dass unter seinem
Deine Dichtung auch mal ruhen darf.

Für Alexandru Bulucz

II

Kein Passwort erlaubt mir
Hier mehr oder weniger
Wohnen, wie du mich nimmst
An diesen Ort
Der unter anderen Wolken mein Bett war
Covern uns mit Decken
Weil wir das Lied vom Tempel kennen
Er stürzt schon noch ein. Keine Angst
Ein Schaf. Eine Ente. Ein Hase
Weil ich weiß, wie die Kehle verkieselt
Am morgen Schlucken, ein Schotterweg
Da wir erst zu viel tranken und
Dann gemeinsam zu wenig. Als wir schliefen
Wurden wir erst wir
Unter jenen Wolken
Gehaben sich
Kondensstreifen wie Lehren
Wir sind nightlos
Von der himmelweiten Immigration
Von einem Menschen
In den Andern
Als Wanderer raste ich bei dir und
Die Wolke vor unserem Morgen
In den wir starren (werden)
Sieht aus wie deine Fickpalme
In mir ist es willig
Dir endlich zu sagen
Dass deine Fickpalme Poesie ist.

III

Weißes Blatt nebst grauer Wolke
Ich glaube, ich werde einen Papierflieger losschicken
Wohin ich sehe ist es eine Jahreszeit
Wohin ich sehe ist es grau
Wir sehen heut Abstellgleis aus
Ob das Grau sich auflösen lässt
Ich liege ganz stark auf dem Rücken
Ich liege ganz stark auf feuchter Erde
Der Papierflieger kann ein Loch reißen
Grau kann nur von weißem Papier
Zerklüftet werden. Ich reiße mich
Zusammen und liege ganz stark.
Ich will jetzt nicht aufstehen
Ciemno heißt polnisch dunkel oder finster
Ciemnota ist
Die Beschränktheit. Deckendes Dunkel
Ich fürchte
Auch im Rückwärts-
Oder Krebsgang könnte niemand
Erahnen wo das Himmelgrau anfängt
Oder aufhört. Deckgrau; so unlicht
Der Zustand, wenn man
Keinen Schatten wirft
Wenn die Füße letzte Verbindung
Zur Welt sind
Wenn.

TOLLHAUS
Aus einem Einweisungsprotokoll

Untergeschoss: Morgue: die Autopsie einer Metapher scheitert:
Hier.
Die Testergebnisse verändern sich jedes Mal. Das Lebendigste
Am toten
Objekt. Interpretieren Sie nicht! Bitte! Sie verändern wieder nur
Die Arbeit meiner.
Kellerkinder brauchen Gedichte wie Hefeteig, in ihnen
Soll etwas aufgehen können.
Wie du. Hast du vom Hefeteig genascht? In den Grundfesten liest man,
Dieses Haus war nie zur
Behandlung gedacht. Dunkelkammer für Lichtspiele am limbischen
System. Ein Spielkäfig für Egos, die
Matrix eines Bällchenpools gepaart mit der letzten
Luke zeigt another one rides the bus.
Der Aufgang von Sonne, der Aufgang von Knospen. Die
Perfekte Höhe für another one bites the dust.
Das alles steckt in Gedichten, ein Zeichen von Lebend geht hier auf.
Hurra wir leben noch. Bitte Interpretieren Sie
mich nicht.

Für Tadeusz Dąbrowski

Erdgeschoss: Lehm,
        Blumenerde, so Matschzeugs halt.
            Meine Hand reicht
                Als
Wurfmaschinerie. Das Erdgeschoss
        Heißt vor allem genauso,
            Weil die
                Erde – hier
Gegen die Wand
        Geschmettert – die Streuung des Parterres
            Veröffentlicht.
                Als Verheimlichungsmechanik
Zeigt ein Erdgeschoss hypothetisch
        Im Betretungsmoment
            Die Alternative der Stockwerke.
                Treppe. Fahrstuhl.
Ganz so, als sollten wir
        Das Stockwerk wechseln, damit
            Die Ebene ihr Geheimnis
                Behalten kann.
Ein Mysterium an dem wir jeden Tag
        Vorbei-
            Gehen. Offen versteckt
                Wie Buchläden.
Doch wenn man
        Durchs Erdgeschoss ins
            Tollhaus käme, würde es
                Seinem Namen nicht gerecht.
Hier ist nicht das Erdgeschoss.
        Hier bildet der Eingang
            Keine Tür ab, hier
                Gibt es nur einen Noteingang. Auf Treppen.

Für Volker Sielaff

2. - 5. Obergeschoss: dem vergessenen Buch

        Sprießt Staub

    Die Bibliothekarin   achtet

Dass nur Lesende   Staub ernten

Übrigens hasst sie   E-Book-Reader

        Wenn die verstauben

    Verstauben   gleich alle Bücher

    Jedes Exemplar   hat Potential

Und sollte nicht potentiell sein

Meint sie   so wenig Luft-   wie Lichtzug

Viel höher kann   man Bücher

Gar nicht stapelt,   noch lesen   vergrößert nur

Den NochzulesenStapel   deshalb

    Dürfen allemal   auch nur   so viele Bücher

    Mitgebracht werden,   wie man will

Bücher empfehlen ist wie

Bücher frischhalten

    die Notwendigkeit eines Buches   muss

    Erlesen werden   im Schrank

Wirken sie   schwächer   als

Aufgeschlagen   das Rudel der Regale

Ist die Zähmung der Wildbücher

Der Staubtest der   vergessenen Bücher

Bis wir auch das ver

Für Jannis Plastargias

8. Obergeschoss: im Rocktober finden hier die wildesten
Partys statt. Ich bin manisch-exzessiv. Versteh mich
Nicht falsch, ich bin kein Wetterbericht. Dieses Stockwerk
Suchst du dir nicht aus. Man lädt dich nicht ein, du bist plötzlich da
Ungeschickt auf dem Boden der Tatsachen: jetzt wird gsoffen!
Jeder, der seinen Spleen hier nicht auslebt, wird aus-gelacht.
Hemmungen sind eine Müllabfuhr. Aber dahinter im
Auto gefangen sein, will niemand. Was uns in diese Räume
Treibt ist Autophobie, an der wir zusammen leiden.
Wenn wir alleine sind, sind wir manisch. Manchmal will ich
Hier raus, weil ich weiß, dass ich hierhingehöre. Manchmal nicht.
Was den Exzess angeht, ist er One-Way-Ticket zur Abfahrt zurück.
Wir nächtigen und das Licht bettet uns entziehend. Wie die
Ausrichtung der Sonnenblume. Wir nächtigen und jeder Exzess
Weiht uns in die Sehnsucht des nächsten. Das ist
Keine Toleranzentwicklung, das ist Krankenpflege. Und jetzt trink.
Trink bis morgen durch, jetzt kümmert nichts, nur du dich
Um dich, wir uns um uns. Und morgen erhältst du
Den Kater als Antwort auf eine Frage, die du
Dich zu stellen nicht trautest. Du verlässt dies Stockwerk,
Nur um wiederzukommen. Wie ich.

Für Mikael Vogel

11. Obergeschoss: es zeichnet sich ein
Tattoostudio ab. Nur schneebelichtete Zimmer,
Damit Tinte wie Blätterreigen sich zwischen
Die Hautschichten tanzen kann.
Als wäre Früher eine Blaupause einer
Konstruktion Wie {Schmetterlingsklecks}
Welche erst durchs Bilden ersichtlich wird.
Man braucht keine Hände zu zwingen,
Sind die Augen geöffnet, ja nur, wenn nur.
Die Augen machen Tattoos. Die Blicke. Nadelstiche
Pupillengroß und fächern sich wie {Wolkenklecks}
Einblick in die denkende Nadel, der
Glanz eines Stichs, der Platz schafft, wo
Vorher keiner war. Als wenn die Speicherstärke
Der Haut erhöht wird durch diesen Eingriff.
Ein wenig Blut, eine Libation, doch dieses
Opfer bin nicht ich, noch du, die Nadel, das Bildnis.
Was uns sticht, ist die Blöße der Haut,
Phantomschmerzen für einen Anschein, den man
Nicht hat. Zu sehen wie {Augenklecks}
Die Konzentration unpersönlicher Pigmente
wird einverleibt, wird Inhalt, vermenschlicht sich.
Bin ich nur ein Rahmen? Für Andere, für
Tattoos? Für welchen Umfang und welche Geschichten?
Nach dem Stechen, die erste Scham der neuen Oberfläche.
Meine Haut gehört dem Tattoo an.
Ein dauerhaftes Gefühl, ein zwicken wie {Schädelklecks}
Ein Picken nach Vorsicht. Graphic Human.
Wir schreiben uns, lassen uns beschriften.
Wenn die Tinte das schafft, woran ich scheiter;
Das Auge schafft, woran ich scheiter.
Stimme und Gehör sind Aushilfsmittel
Ein Leben lang. Ein Leben lang

{Klecks}
{Klecks}
{Klecks}

Für Esther Appel

17: Obergeschoss: hier hat jemand ein Wonnenstudio eröffnet.
Man macht es sich einfach mit Freunden in so hohen Stockwerken.
Man hat immer einen Ausweg auf dem Heimweg. Das ist Trost
Und Toll, ja toll, Wie zwei Packungen Pflaumen für den Kühlschrank
Zu kaufen, denn man weiß, man wird die eine sofort vernichten,
Möchte aber jemandem nochwas übrig lassen. Eine Möglichkeit
Lassen. Das ist weniger Gnade als Selbstjustiz. Ja-woll. Und die
Fahrstuhlfahrt ein hinundhertrippelnder Soundtrack. Jeder Mensch ist eine Insel.
Ist es möglich das Freunde und Familie ein Atoll bilden?
Die Knöpfe im Aufzug sind nicht so bissig wie dieser. Je höher
Der Aufzug fährt, desto mehr Essig tüncht das Auge. Ich erinnere
Wie du mir sagtest, dass du nachdenken würdest, aber ver-
Schwiegst worüber. Na Toll! wenn man nicht denkt
Was besser wär. am besten wär, es hörte auf
Ganz auf, in sich zu wühlen. Das dachte ich. Dachte über dich
Wie über Jahreszeiten, über Kindheit und über deine Pflaumen.
Die letzte Fahrstuhlfahrt wäre schön gewesen. Verrückt
So was zu denken. Deswegen bin ich ja auch hier. Nach dir.

Für Carl-Christian Elze

Dachboden: Manchmal. Wobei winters
Vielleicht Schnee, vielleicht Wolke. Ein
Game of Drones. Ich entziehe ihm
Dünnergewordene Luft für
Stille. Für bisschen Gesellschaft.
Hierliegend könnte man
Gedichteschreiben, indem man
Sich im Himmel mikroskopiert
Aber wer macht sowas. Pathetisch
Wenn man selbst es einfach schön findet.
Dabei sind Befunde das doch
Nie. Ich bin schon wieder Honig
Für die Cirruswolken. Ihre klebrigste
Errungenschaft. Ich fühle sie
Als meine Kritiker. Denn sie fühlen sich an
Wie ein letzter Tag, das Verschwinden
Aller Dates auf einmal.
Doch ich bin mir
Sicher: wir beneiden den Himmel um seine
Widersprüche. Ich bin nur eine Luke und hab
Angst ausgedrückt zu werden.
Wie ein Pickel
In den Rahmen des Himmels.

Für Ben Lerner

JAN KUHLBRODT
Erzählungen

Ich saß im Sattcafe, als ich Zassi sprechen hörte, ich saß mit dem Rücken zu ihm, er sprach von mir und in diesem Moment wurde mir klar, dass ich bald zehn Jahre in Frankfurt lebte, in einer Stadt, die mir trotz dieser Zeit immer noch neuartig und fremd vorkam, die das Fremde ständig zu sich hereinholte, und somit ihren Bewohnern, also auch Zassi und mir, immer einen Schritt voraus war. Es war, wenn ich meine Wohnung verließ, als beträte ich einen Supermarkt in einem anderen mir fremden Land, einen Raum voll wechselnder Farben und Gerüche; einzig das, was ich hörte, blieb sich gleich, dieses anhaltende leise Murmeln und Summen, aus dem sich kein identifizierbares Wort herauslöste. Plötzlich aber hob sich Zassis Stimme ab.

Dabei hatte die Stadt nichts Abschreckendes, wenn man den innersten Bezirk verlassen hatte, den Eingangsbereich gewissermaßen, in dem der Fremde mit außerordentlich offenen Armen empfangen wird, eine für manchen zu körperliche und vulgäre Begrüßung. Man konnte sie genießen, wenn man sich vor einer Auslage mit zollfreien Produkten (Kaffeemaschinen, Rasierapparate, Butterflymesser) ein wenig erholt hatte, denn auch die Bordelle hatten, bei allem Verruchten und Verkommenen, das in ihren Fassaden hauste, einen gewissen Charme.

Zassi jedoch hatte meine Anwesenheit gar nicht bemerkt oder er hatte keine Notiz davon genommen, wie ich auch, bevor ich ihn hörte, seine Anwesenheit nicht bemerkt hatte. Ich erkannte ihn lediglich an der Stimme, und an dem, was er sprach, wozu ich letztlich einige Zeit benötigte, und ich hatte mich, als ich mir sicher war, nach ihm umgedreht, einmal nur und ganz kurz, wie zufällig. Der Impuls aufzuspringen, zu ihm zu eilen und ihn zu begrüßen, war im selben Moment, da er aufkam, wieder verpufft, denn er sprach zu einer Frau in unserem Alter, die mich in Haltung und Blick an Kerstin erinnerte, Kerstin, die ich einmal geliebt hatte und mit der ich ein paar Wochen verbrachte, einen Sommer lang zwischen zwei Semestern.

War schön, hatte sie gesagt, als sie ging, und ich habe lange am Fenster gestanden, habe beobachtet, wie sie zur Tram lief und nicht die S-Bahn nahm, wie sonst immer. Ich stand am Fenster nur in der Unterhose, die ich mir schnell übergestreift hatte, und dachte darüber nach, was das heißen sollte: War schön!

Mir wurde damals nur langsam klar, dass Kerstins Bemerkung in die Zukunft wies, und zwar in ihre Zukunft, indem sie einen Zeitraum als schön definierte, und mit diesem Schön eine Vergangenheit erst als Vergangenheit herstellte, eine Vergangenheit, der ich andauernde Gegenwart gewünscht hatte. Sie hätte auch sagen können: Es ist vorbei. Aber das war ihr wahrscheinlich nicht tröstlich genug. Es ist vorbei, hatte ich dann gegen das Fenster gesagt, in dem sich mein Gesicht spiegelte. Und ich trainierte einen gleichgültigen Ausdruck, bis er mir egal war, und ich mich nur noch an Kerstins Körper erinnerte, seinen Geruch, die Bewegungen, und wie sie morgens immer schnell aufstand, duschte und danach rauchte.

Die Frau, zu der Zassi gesprochen hatte, war auf keinen Fall Kerstin, denn dann hätte ich nicht in diesem Café gesessen, jedenfalls nicht mit dieser Ruhe. Ich hätte gezittert, wie ich immer in ihrer Gegenwart gezittert habe. Mein Kaffee wäre kalt geworden; ich hätte mir Milchkaffee bestellt, weil sie auch Milchkaffee bestellte und mit dem Löffel zuerst den Milchschaum abschöpfte, um dann vom Kaffee zu trinken. Meinen Milchkaffee ließ ich jedes Mal mit dem in sich zusammengesunkenen Milchschaum zurückgehen, weil ich noch zitterte und die Flüssigkeit verschüttet hätte, wenn ich versucht hätte, zu trinken. Nein nichts, der Kaffee ist okay, sagte ich auf ihr fragendes Gesicht hin zur Kellnerin und gab ein viel zu hohes Trinkgeld. Kerstin sah mich verdutzt an, aber sie sagte nichts, nie sagte sie etwas. Das hätte auch nicht zu ihr gepasst. Und in den wenigen Momenten, in denen ich ihre Stimme hörte, war sie mir seltsam rau vorgekommen, wie abgenutzt in endlosen Gesprächen, von denen ich nichts mitbekommen hatte.

Ich habe sie nur ein einziges Mal wiedergetroffen. Das heißt: ich habe sie gesehen, sie mich nicht, ich habe sie aus einem Transporter heraus beobachtet, den ich gemietet hatte, um meine Habe von Frankfurt nach Chemnitz zu verfrachten. Sie stand vor einer Schaufensterscheibe und bewegte Arme und Hände, zeigte abwechselnd Gesten der Abwehr und der Einladung und schien besonders die Stellung ihrer Handflächen kontrollieren zu wollen. Ich ließ das Fahrerfenster herunter und rief ihren Namen, aber sie reagierte nicht, obwohl sie höchstens sieben Meter entfernt stand.

Hier hat er, sagte Zassi zu der Frau, die nicht Kerstin war, und er meinte mich, Philosophie und Sozialwissenschaften studiert und mit der Zeit festgestellt, dass es sich bei diesen Fächern letztlich nur um das Archivieren abgelegter Gedanken handelt. Das Prozessuale sei in einem viel zu trockenem Boden versickert. Gegenwärtig zumindest sei kein Niederschlag in Sicht, nichts, was das Eingetrocknete auflösen könnte und wieder in Bewegung versetzen. Aber vielleicht war man hier ja zu einem Ende gekommen, einem Ende, dass man seit Jahrtausenden ersehnte und fürchtete.

Wenn man derjenige war, der das Ende als erster beschrieb, würde man zugleich die eigene Ewigkeit beschreiben und konstruieren, herstellen am Ende, was man aber zurückließ, wäre ein Heer von, sagen wir Landschaftsgärtnern. Doch Landschaftsgärtner wollte ich nicht sein.

So hatte Zassi sich ausgedrückt, und ich hatte dem beipflichten müssen, denn es waren meine Gedanken. Gedanken allerdings, die ich selbst nie so formuliert und ausgesprochen hätte. Und Zassi sprach von meiner Diplomarbeit, die sich im Wesentlichen um Biografie und Erkenntnis drehte, um den Wissensschatz also, der im Erzählten liegt. Allerdings hatte ich nicht weiter ausgeführt, worin das Verallgemeinerbare läge, das, was aus einer solitären Erinnerung einen soliden Gegenstand der Erkenntnis hätte machen können.

Diesen Algorithmus bin ich meinen Lesern (Zassi, meinem Prof und eventuell einem Zweitgutachter) schuldig geblieben, und ich bedaure das. Wir müssten nur ordentlich zuhören, hieß es im Vorwort. Denn der, der gut zuhöre, erkenne im Erzählten die Bedeutung, den Rang. Mir war nichts besseres eingefallen. Die Gutachter seien recht angetan gewesen, sagte Zassi, obwohl ich eigentlich nur das Leben meines Vaters erzählt hatte, zumindest soweit ich es kannte in einer, ich muss es zugeben, eher holprigen Sprache. Und ich konnte am Ende nicht einmal behaupten, dass mein Vater schon gestorben sei, was rein handlungsdramaturgisch gut gepasst hätte, weil das ein materiales und somit makelloses Ende der Arbeit gegeben hätte. Aber ich hatte meinen Vater Jahre nicht gesehen, wusste nicht, ob er noch lebte. Also ließ ich ihn auswandern, „wie schon so viele vor ihm ausgewandert waren, Familienangehörige und nahe Freunde, Nachbarn und Kollegen, als berge die Luft um Chemnitz einen Keim, einen Erreger, der über die Atmung und die Blutbahn in die Gehirne der Bewohner eindringt und sie zum Auswandern zwingt."

Im Grunde ließ ich ihn also ohne Angabe von Gründen verschwinden, und ohne dass er ein Dokument hinterlassen hätte, das zu einer Fortführung der Handlungen hätte beitragen können, und alles, was ich geschrieben habe, hatte ich aus der Erinnerung heraus geschrieben. Es handelte sich bei meiner Diplomarbeit um die Biografie eines vergleichsweise jungen Mannes, die damit endete, dass er seine Familie (samt Sohn) verlassen und zum Zeichen seiner Abwesenheit eine Kiste mit nummerierten Dias hinterlassen hatte. Dem Professor schien das als Ausweis meiner intimen Kenntnis der sechziger und siebziger Jahre in der DDR zu genügen, und der Zweitgutachter, ein anerkannter Physiker, jubelte.

Ich hätte also ein Leben erzählt, sagte Zassi zu der Frau im Café, das ich ziemlich gut gekannt und kaum kommentiert habe. Ich ließ einfach die Fakten sprechen, sagte er in der Manier meines Professors, Theoriebildung am dokumentarischen Material, ich sei zu einem Wanderer geworden, sagte Zassi, auf einem Mittelweg irgendwo zwischen Geschichte, Soziologie und Philosophie. Und die Arbeit hatte einen außergewöhnlichen Umfang für eine Magisterarbeit gehabt. Einhundertachtzig Manuskriptseiten. Einhundertachtzig! wiederholte Zassi. Und keine Seite zu viel, habe der Professor gesagt.

Darum hatte ich auch auf Zassis Anraten hin begonnen, eine Doktorarbeit zu schreiben. Für die Dissertation ("Biografie und Erkenntnis – Zwei") hätte ich nun das Leben meines Großvaters erzählen müssen, über das ich wenig wusste. Eigentlich nur, was mein Vater mir erzählt hatte, und das war bereits in die Diplomarbeit eingeflossen. Vor allem wusste ich, dass mein Großvater ein Leben lang Eisenbahner gewesen war. Man hatte es mir gesagt und man hatte mir ein Blumenbeet am Chemnitzer Reichsbahnausbesserungswerk gezeigt, das man in einem Bahnrad ihm zu Ehren angelegt hatte. Zwischen den Stahlfelgen blühten in jedem Jahr andere verschiedenfarbige Blumen.

Soweit ich mich selbst an ihn erinnerte, saß Großvater mit einer karierten Wolldecke über den Knien im Sessel und sprach einfach nicht mehr. Hin und wieder hielt meine Mutter ihm eine Teetasse mit einem Strohalm vor das Gesicht, aus der er langsam und in kleinen Schlucken trank.

Ich hätte gern die Geschichte meines Großvaters als die Geschichte eines Eisenbahners erzählt, hätte erzählt, dass er am Ende des Zweiten Weltkrieges einen Schienenwolf zu fahren hatte, die Gleise also wieder entfernen musste, auf welche die anderen Eisenbahner so stolz waren, die Gleise herauszureißen hatte, die einmal ein den gesamten eurasischen Kontinent umspannendes Netz bilden sollten. Das Einzige aber, was ich einmal in seinen Unterlagen gefunden hatte, ich hatte sie unmittelbar nach seinem Tod an mich genommen, war ein schlampig geführtes NS-Arbeitsbuch, mit einer letzten Eintragung von 1938, einer Zeit also, in der die Deutsche Wehrmacht das Schienennetz noch benötigte, um Panzer und Truppen zu transportieren an eine Front, die sich noch vom Kernland entfernte und von Abriss noch keine Rede sein konnte.

Ich habe dieses Arbeitsbuch einmal einen Freund gezeigt, und der hat mit den Schultern gezuckt. Da sei nichts zu machen, sagte er, im wesentlichen sei es unspektakulär. Für mich war das Heftchen mit Reichsadler und Hakenkreuz jedoch ein verstörendes Dokument, und ich legte es zu meinen wenigen persönlichen Sachen, nahm es überall mit hin, sogar nach Frankfurt und wieder zurück. Es gab niemanden, den ich hätte fragen können, mein Vater war weg, Großmutter erinnerte sich nur noch an Sopot und meine Mutter kannte zwar den Tee, den sie Großvater verabreicht hatte, aber sonst nichts. An Großvater musste meine Dissertation notwendig scheitern.

Denk dir doch was aus!, hatte Zassi gesagt, dem ich im Grüneburgpark einmal von meinem Problem erzählte. Und ich fing an, meine Umgebung zu beobachten, und sie auf andere Leben hin abzutasten, über die ich hätte berichten können, Leben, die ich in meine Erinnerungen integrieren könnte. So stieß ich auch auf mein eigenes Leben, das anfangs zumindest vor allem eine bessere Quellenlage versprach. Ich dachte das nur, formulierte es nicht, und ich wusste nicht, ob Zassi davon wusste. Jedenfalls erwähnte er es gegenüber der Frau nicht, die mich dann doch immer mehr an Kerstin erinnerte. Meine Hände begannen sogar ein wenig zu zittern. Das Geld für mein Bier, das fast unangetastet vor mir stand, legte ich auf den Tisch und verließ schnell das Lokal, von Zassi und der Frau unbemerkt. Wäre ich noch ein wenig sitzen geblieben, ich hätte wahrscheinlich sehen können, wie Zassi zur Tür hinkte.

Zassi wollte immer, dass sein Gang dynamisch wirkt, er zählte Schritte und setzte den Fuß bei jedem dritten Schritt leicht betont mit der Ferse auf. So gingen, glaubte er, energische Menschen, ein wenig holpernd, weil sie ihre Energien nur mit Mühe unter Kontrolle halten könnten, und das hatte ja auch etwas für sich. Genie und Gelassenheit, zwei Sachen, die entgegen der landläufigen Meinung nicht in Deckung zu bringen waren. Thilo, mein Freund aus der Schulzeit zum Beispiel, hatte, wenn er lief, immer eine Hand in die Hüfte gestützt.

Bei einem Spaziergang durch den Grüneburgpark sprach ich Zassi auf seine Bewegungsart an, fragte ihn, ob ihm der Fuß schmerze. Der Fuß nicht, hat er gesagt und halbwegs verloren gelächelt.

Er habe in seinem Vater immer einen energischen Menschen gesehen, und sein Vater habe ihm darum als Vorbild gedient. Oft sehe er ihn vor sich, ganz unwillkürlich, wenn er die Augen schließe. Und er schloss seine Augen für einen Moment ohne stehen zubleiben. Er sehe, sagte er, seinen Vater fest und ernsthaft hinter einer Zeitung sitzen. Ein versteinertes Gesicht. Vor ihm kühlt der Tee ab und hin und wieder lässt er den Löffel am Teeglas klingeln, hebt es an und überzeugt sich, dass der Kandis darin sich aufgelöst hat. Manchmal nur nimmt er einen winzigen Schluck, so als handele es sich bei dem Getränk um Medizin. Er trinkt das Glas aber in einem Zug aus, wenn die Lektüre des ersten Teiles der Zeitung beendet ist. Und bei einem zweiten Tee, den er bei seiner Frau (Zassis Mutter) in der Küche wie an einer Hotelbar bestellt (Tee, Frau! Heiß!!), und den er dann heiß trinkt, widmet er sich dem Sportteil. Mit interesseloser Sorgfalt.

Sein Vater habe nie über Politik oder Sport gesprochen, nie einen Kommentar zu den Tagesereignissen abgegeben, aber die Informationen eingesogen, als wolle er sie für bessere oder schlechtere Zeiten sammeln, für Zeiten jedenfalls, in denen man die Informationen gebrauchen könnte. Und Zassi wollte wie sein Vater sein: energisch und undurchdringlich. Wissend und stumm und ging er neben mir im Grüneburgpark, die Augen auf ein fernes Ziel gerichtet.

Wie war noch einmal sein Name? Es war mir, als hätte er den Namen seines Vaters erwähnt, und dieser hätte nicht unbeträchtlich von dem Zassis abgewichen, als wäre er angeklungen und an mir vorbeigezogen, ohne dass ich ihn halten konnte. Name? Zassi blieb stehen, allerdings ohne die Augen zu öffnen. Name, Name, brummelte er fast ärgerlich vor sich hin.

Allerdings habe sein Vater in einem der Kriege das rechte Bein verloren und trug deshalb eine Prothese. Am Tisch, wenn er in der Zeitung las, hatte er sie nicht umgeschnallt. Direkt neben der Tür nahm er sie ab und lehnte sie gegen die Wand, so wie Zweibeiner die Schuhe auszogen, und hüpfte dann auf dem verbliebenen Bein zu seinem Stuhl.

Ich habe mir also, sagte Zassi, meine eigene Vorstellung davon machen müssen, wie man richtig, das heißt energisch, geht. Auch auf Fotos sei sein Vater nie gehend, immer nur stehend oder sitzend abgebildet gewesen. Mit geschlossenen Augen lief Zassi jetzt weiter, und fortan ohne etwas zu sagen und in einem Sinne konzentriert, wie ich es nur vom Hausmeister meiner alten Schule her kannte. Auf ein Nahziel zu, also schon sichtbar und erreichbar auf direkteste Weise. Ein altes Papier eine Kippe oder gar rauchende Schüler.

Dennoch haftete seinem Gang etwas Prothetisches an, als habe sich der Anblick des Holzbeines selbst gleichsam durch die Hintertür in seine Performance geschlichen und von seinen Schritten Besitz ergriffen. Nachdem ich Zassi sanft auf den Weg zurückgeleitet hatte und er wieder offenen Auges dahin hinkte, war es an mir zu erzählen, denn Zassi schwieg, als habe er seinen Wortschatz für diesen Tag restlos verbraucht. Er schwieg aber auf eine Weise, die mein Sprechen herausforderte, so als bildeten sich um ihn kleine Strudel, die Worte anzogen. Ich hielt es nicht aus, zu schweigen, obwohl ich es wollte, ich fühlte mich geradezu genötigt, meine Distanz aufzugeben, von mir zu sprechen, einen Verrat zu begehen, wie es mir schien, an mir selbst, und ich wählte ein Thema, das seinem eigenen sehr nahe war, das mich aber nicht kompromittieren konnte, zumal ich es in meiner Dissertation verwenden wollte.

Die Beiträger.
*

BETTINA KLIX, geb. 1961, lebt in Berlin. Studium der Germanistik und Sozialpädagogik. Sie erhielt Arbeitsstipendien des Berliner Senats, des Berliner Künstlerinnenprogramms und des Künstlerhauses Schloß Wiepersdorf. Zuletzt erschienen „Gelegenheiten" (Edition Nachtgänge, Berlin 2014) und „Der Kreuzweg von Paul Brandenburg" (benedict müller verlag, Berlin 2015).

MATHIAS JESCHKE, geb. 1963, studierte Evangelische Theologie und arbeitet als Verlagslektor in Stuttgart. Mehrere Gedichtbände, zuletzt „Der Fisch ist das Messer" (edition Azur, Dresden 2014), und das Bilderbuch „Was meine Eltern von mir lernen können" (Hinstorff, Rostock 2015). Er ist der Herausgeber der „Lyrikpapyri" im Horlemann Verlag

INGRID FICHTNER, geb. 1954, lebt in Zürich. Nach dem Studium der Anglistik siebenjähriger Aufenthalt in den USA. Sie arbeitet auch als Übersetzerin und Lektorin und veröffentlichte bislang sieben Gedichtbände, zuletzt „Lichte Landschaft" (2012) und „Von weitem" (2014) im Wolfbach Verlag, Zürich.

MARINA BÜTTNER, geb. 1967, lebt in Berlin. Sie ist Buchhändlerin und Künstlerin, ihre Gedichte, Grafiken und Collage erscheinen in zahlreichen Literaturzeitschriften und Anthologien.

HÅVARD REM, geb. 1959, lebt in Telemark. Er veröffentlichte Reiseberichte und Biographien, u.a. über Bob Dylan, Dramen und vor allem Gedichtbücher. Viele seiner Songs wurden von verschiedenen Bands interpretiert. – Die vorliegenden Gedichte sind mit freundlicher Genehmigung des Autors dem Band *30 – 40 – 50* (Schibsted Forlag, Oslo 2012) entnommen.

KLAUS ANDERS, geb, 1952, lebt in Neuwied. Autor von fünf Gedicht-bänden, zuletzt „Wachtelzeit" (Edition Rugrup, Berlin 2014) und Übersetzer von Michael Hamburger, Øyvind Rimbereid und Olav H. Hauge. Seine Übertragung ausgewähler Gedichte von Hans Børli erscheint demnächst in der edition offenes feld (eof).

MICHAEL GIRKE, geb. 1962, lebt in Herford. Der Autor und Filmkritiker ku-ratierte mehrere Ausstellungen, u.a. „Dem Geld auf der Spur" und „Heimat – zwischen Gestern und Morgen" im Filmmuseum Düsseldorf. Er schreibt re-gelmäßig für den Freitag und hat eine Kolumne auf der Homepage des Muse-ums Herford.

PHILIPP KAMPA, geboren 1987, lebt in Halle (Saale). 2012 Preisträger beim Schreibwettbewerb des Weimarer Literaturfestivals juLi im juni, 2013 Preis-träger beim Jungen Literaturforum Hessen-Thüringen, 2014 Thüringer Auto-renarbeitsstipendium. Veröffentlichungen unter anderem in Edit, Lichtungen, Poet, Am Erker und Die Rampe.

TIMO BRANDT, geb. 1992, lebt in Wien. Veröffentlichungen in BellaTriste, Jenny und verschiedenen Anthologien.

MARTIN PIEKAR, geb. 1990, studiert Philosophie und Geschichte in Frankfurt am Main. Er war 2012 Stipendiat der Stiftung Niedersachsen beim Literaturlabor Wolfenbüttel und Lyrikpreisträger beim 20. Open Mike, 2013 Finalist beim Lyrikpreis München und hr2-Literaturpreisträger 2015. Piekars Gedichtband „Bastard Echo" erschien im Frühjahr 2014 im Verlagshaus J. Frank, Berlin.

JAN KUHLBRODT, geb. 1966, lebt in Leipzig. Er studierte politische Ökonomie in Leipzig und Philosophie und Soziologie in Frankfurt am Main. Er arbeitete als Antiquar, Lehrer und Gastprofessor und lebt heute als freier Schriftsteller. Zuletzt erschienen von ihm u.a. „Geschichte" (2013) und „Kaiseralbum" (2015), beide Verlagshaus J. Frank, Berlin.

Impressum.
*

Herausgegeben von Offenes Feld e.V., Herford
Redaktion: Jürgen Brôcan, Frank Wierke
Beirat: Klaus Anders, Michael Girke
Satz und Mitarbeit: Kerstin Zimmermann
Cover-Gestaltung: Grafikdesign Holger Drees, Dortmund

Der Verein Offenes Feld dient als Forum für die Diskussion,
Korrespondenz und Vermittlung zwischen den Künsten.
Die Mitglieder kommen aus allen Bereichen der Kultur.

Weitere Informationen und Bestellmöglichkeiten:

www.offenesfeld.de

Besuchen Sie den Verein auch unter:

www.facebook.com/offenesfeld.de

Heft Nr. 4
November 2015

Herstellung und Druck: BoD — Books on Demand, Norderstedt
Printed in Germany
ISBN: 9783738659146

CARL MICHAEL BELLMAN

(1740-1795)

Impromptu, bei der Ausstellung eines chinesischen Goldfischs
bei Kapit. R.*** am 11. Oktober 1770

Aus dem Schwedischen übersetzt von Klaus Anders

Ich sah einen Fisch, zum Wohl, Kameraden!
   der von China gepilgert war;
   sein goldener Purpur brannte so klar,
die Schuppen blinkten wie Dukaten!
   Ja, Gold und Wasser sah ich hier,
und Schönheit fachte Lust und Lohe;
da dachte ich an meine Plage:
   daß ich so arm bin, durstig, verliebt.

TIMOTHEOS

(ca. 450-ca. 357)

Fragment
aus einem nicht identifizierten Gedicht

Aus dem Altgriechischen übersetzt von Jürgen Brôcan

die veralteten lieder singe ich nicht
denn meine neuen sind besser
der junge Zeus ist könig
wie früher Kronos herrscher war
einstige Musen laß scheiden